EN IMMERSION

Jérôme Fourquet
Marie Gariazzo
Gaspard Jaboulay, François Kraus,
Sarah Wolber

EN IMMERSION

Enquête sur une société confinée

POSTFACE PAR GILLES FINCHELSTEIN
DIRECTEUR GÉNÉRAL
DE LA FONDATION JEAN-JAURÈS

Éditions du Seuil
*57, rue Gaston-Tessier, Paris XIX*e

Ce livre est publié en partenariat
avec la Fondation Jean-Jaurès et *Le Point*.

ISBN 978-2-02-146737-6

www.seuil.com

Introduction

L'épidémie de Covid-19 et le confinement généralisé qu'elle a provoqué ont constitué une épreuve inédite et singulière pour notre pays. Pendant de longues semaines, des dizaines de millions de Français sont restés chez eux ou sont allés travailler la peur au ventre car dehors un véritable tueur en série rôdait. Fait social total, la propagation du virus a, en quelques jours seulement, mis à l'arrêt l'économie, bouleversé l'agenda du gouvernement et la vie quotidienne de nos concitoyens. Emmanuel Macron a comparé à plusieurs reprises cette épidémie à une situation de guerre. Et de fait, comme lors d'un conflit, l'attention de la population et celle de ses dirigeants se sont focalisées sur un objectif unique : vaincre l'ennemi. Comme en période de guerre, tous les sujets de controverse qui agitaient le pays quelques semaines plus tôt sont devenus soudainement secondaires et toute l'action publique s'est trouvée subordonnée à l'effort de guerre. Des pans entiers de l'économie ont été également mobilisés dans ce but. Et comme à l'occasion d'une guerre, on a publié chaque jour un bulletin officiel témoignant de la situation au front et inventoriant le nombre de morts et de blessés.

Durant cette période très particulière, l'Institut français d'opinion publique (Ifop) a réalisé une série d'enquêtes quantitatives auprès d'échantillons nationaux représentatifs de 1 000 à 3 000 personnes, visant à prendre le pouls de la population – niveau d'inquiétude, jugement porté sur l'action de l'exécutif face à l'épidémie, évaluation de la façon dont elle a appliqué les désormais fameux « gestes barrière ». D'autres sources documentaires (presse, études d'autres instituts de sondage) ont également été mobilisées.

Mais, parallèlement à cette batterie d'enquêtes, nous avons décidé de croiser les approches dites quantitatives et qualitatives – le croisement des regards et approches nous semblant particulièrement fructueux –, et l'Ifop a ainsi déployé, pour l'hebdomadaire *Le Point* et la Fondation Jean-Jaurès, que nous remercions pour leur soutien précieux, un dispositif d'observation au long cours. Pour mettre en place ce protocole inédit dans sa durée, nous avons constitué un panel de trente-trois Françaises et Français, de toutes conditions, de tous âges et issus de toutes régions, que nous avons suivis pendant près de deux mois. Certains habitaient à la campagne, d'autres à la périphérie des villes ou au sein d'une grande agglomération. Ils vivaient seuls, en couple ou entourés de leur famille. Beaucoup se sont organisés pour télétravailler, certains se sont mis en arrêt maladie pour s'occuper de leurs enfants ou ont été mis en chômage partiel. Plusieurs ont continué à sortir pour travailler (professionnels de santé, forces de l'ordre, commerçants ou personnels de la grande distribution, etc.). Vivant en studio, dans un trois-pièces avec terrasse, au sein d'une maison avec jardin en ville ou à la campagne, tous n'ont pas été confinés dans les mêmes conditions, mais tous se sont livrés sans réserve sur leur vie quotidienne. Chaque jour, nous leur avons demandé de remplir un « carnet de confinement ».

Le profil des trente-trois personnes que nous avons suivies *via* cette « communauté qualitative en ligne » est présenté en annexe 1, à la fin de ce livre. Elles sont appelées « participants » dans les pages qui suivent. En annexe 2 figure le profil d'autres personnes qui, elles, ont été interrogées dans le cadre d'interviews qualitatives approfondies pour compléter et enrichir notre dispositif principal. Le prénom des personnes qui le souhaitaient a été modifié pour respecter leur anonymat.

L'ampleur des témoignages que nous avons reçus montre à quel point la tenue de ce journal répondait à une attente forte : mettre des mots sur ce qui semblait « irréel », « impensable », « surréaliste », « inimaginable », tenter de comprendre ce qui nous arrivait, rendre compte des sentiments confus que cette situation a générés, entre angoisse, colère, impuissance et désir de rester optimiste.

À l'instar des reporters de guerre embarqués dans une unité de première ligne, nous avons donc observé au plus près les Français au cours de cette période qui marquera notre histoire collective. Confinement à domicile, ravitaillement, télétravail ou travail sur site, école à la maison, loisirs, relations dans le couple, comment nous sommes-nous organisés dans les multiples aspects de la vie quotidienne ? Comment avons-nous réagi à l'évolution de l'épidémie et à l'action des pouvoirs publics ? Cadre télétravaillant depuis l'île de Ré *versus* caissière en première ligne, le confinement a-t-il vraiment constitué une épreuve partagée par l'ensemble du monde du travail ? L'épidémie et le confinement ont-ils raffermi le sentiment d'appartenance collective ou exacerbé les fractures déjà à l'œuvre ? En d'autres termes, la maladie à coronavirus 2019 (Covid-19) a-t-elle constitué un antidote ou un révélateur de l'archipelisation de la société française ?

Quelle empreinte laissera-t-elle sur nos vies et sur celle du pays ?

Et maintenant, dans quel état d'esprit les Françaises et les Français abordent-ils la phase qui s'ouvre ?

Jérôme Fourquet et Marie Gariazzo, directeur et directrice ajdointe du département Opinion et Stratégies d'entreprise de l'Ifop, ont assuré la coordination et la direction de ce travail collectif. Ils ont étroitement collaboré avec François Kraus, quantitativiste à l'Ifop, et avec Sarah Wolber et Gaspard Jaboulay, qualitativistes travaillant également à l'Ifop.

CHAPITRE PREMIER

Le basculement dans la peur

1. Dimanche 15 mars, premier tour des élections municipales : s'abstenir pour ne pas prendre de risques

Même si le confinement ne fut annoncé qu'après le premier tour des élections municipales, ce scrutin s'est déroulé dans une ambiance très pesante. La peur de l'épidémie s'était déjà emparée de toute une partie du corps social depuis plusieurs semaines. À la fin du mois de janvier, 44 % de nos concitoyens se déclaraient inquiets pour eux et leur famille[1]. Même si, pour l'heure, une majorité des Français n'étaient pas inquiets, le coronavirus disposait déjà d'un potentiel anxiogène plus puissant que d'autres virus. À titre de comparaison, en octobre 2005, le niveau d'inquiétude s'établissait ainsi à 32 % à propos de la grippe aviaire, il serait absolument identique en septembre 2009 à propos de la grippe A. À la suite de l'annonce d'un premier décès causé par le Covid-19 sur notre territoire le 26 février, l'inquiétude fit un bond à 61 % fin février,

1. Sondage Ifop-Fiducial pour CNews et Sud Radio réalisé en ligne du 29 au 30 janvier 2020, auprès d'un échantillon national représentatif de 1 000 personnes.

avant de redescendre à 47 % de personnes inquiètes au tout début du mois de mars. L'aggravation de la pandémie sur le plan mondial, la situation dramatique en Italie et la multiplication des cas en France accrurent significativement la prise de conscience par la population de la dangerosité de la situation. Cette prise de conscience fut encore accélérée par l'intervention présidentielle du 12 mars, suivie de la prise de parole du Premier ministre le 14. Le 15, jour du vote, l'opinion avait basculé ! 74 % des Français éprouvaient de l'inquiétude face à cette épidémie[1].

Bien que le gouvernement se soit montré rassurant en précisant les règles sanitaires qui seraient observées dans les bureaux de vote partout en France (distance de sécurité dans les files d'attente, présence de gel hydroalcoolique, etc.), les électeurs furent très nombreux à bouder les urnes. Il est vrai que le ton employé par le président de la République dans son allocution du 12 mars ne se voulait guère apaisant. L'annonce de la fermeture des écoles pour le lundi 16 – écoles qui, dans de très nombreuses communes, étaient justement le lieu où les Français étaient appelés à voter – généra beaucoup de perplexité. Dans ce contexte, nombre de citoyens s'appliquèrent à eux-mêmes le principe de précaution et restèrent chez eux le 15 mars. C'est ainsi que le premier tour des municipales, scrutin relativement prisé des Français, fut marqué par une abstention massive qui atteignit le niveau de 56 % des inscrits – soit 20 points de pourcentage de plus que lors des précédentes municipales, en 2014. Cette augmentation inédite et spectaculaire

1. Sondage Ifop pour *L'Express* réalisé en ligne le 15 mars 2020, auprès d'un échantillon national représentatif de 2 811 personnes.

du nombre des abstentionnistes de plus de neuf millions de personnes est très clairement imputable à ce climat de peur. Selon le sondage « Jour du vote »[1], 36 % des abstentionnistes indiquèrent que leur refus de se rendre aux urnes était uniquement lié au coronavirus. Or, recalculée sur la base de l'ensemble des inscrits, cette part d'abstentionnistes par crainte du virus représente 20 % du corps électoral ; autrement dit, elle rend compte à elle seule de la progression de l'abstention enregistrée par rapport à 2014. Dit autrement encore, la peur du Covid-19 a détourné des urnes un électeur sur cinq, ce qui est considérable. Cette proportion donne la mesure de la crainte dont était saisi le pays quarante-huit heures avant l'entrée en confinement.

Comme le montre le graphique suivant, la peur de la contamination a d'abord frappé les personnes âgées, traditionnellement les plus civiques. Plus un électeur était âgé, et plus il a eu tendance à éviter de se rendre aux urnes à cause de l'épidémie. Parmi les abstentionnistes de 65 ans et plus, ce motif a concerné près d'une personne sur deux (46 %), alors que la proportion ne s'établissait qu'à 20 % parmi les abstentionnistes de 18 à 24 ans, tranche d'âge s'abstenant toujours massivement.

Cet effet dissuasif affectant principalement les générations les plus âgées (les plus exposées au virus) s'observe sur l'ensemble du territoire national. C'est lui, donc, qui explique au premier chef la très forte hausse de l'abstention.

1. Sauf mention contraire, les sondages évoqués dans le texte ont été réalisés par l'Ifop.

Proportion d'abstentionnistes n'étant pas allés voter aux élections municipales du 15 mars 2020 uniquement à cause du coronavirus, par tranche d'âge (en %)

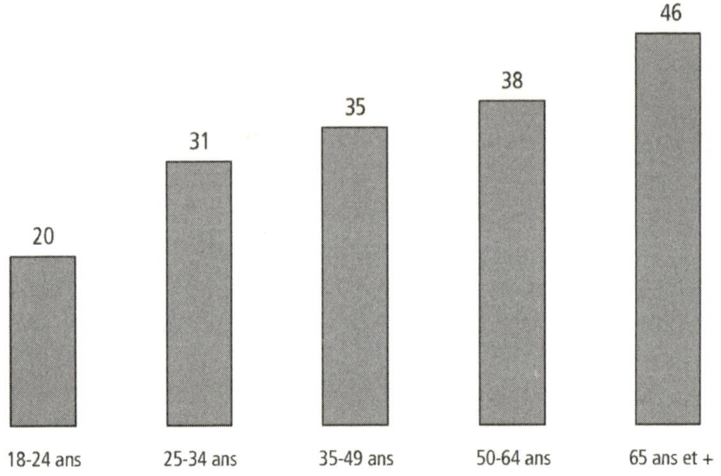

SOURCE : Ifop, 15 mars 2020.

Alors qu'on aurait pu penser que cette dernière serait influencée par le degré de prévalence de l'épidémie sur le terrain, on n'observe pas de corrélation significative et claire entre les deux données. Si l'on s'intéresse plus particulièrement au département du Haut-Rhin, on observe que Mulhouse, principal foyer (« *cluster* ») infectieux, a vu l'abstention augmenter (+ 21 points) dans la même proportion que sur le plan national (+ 20 points). On constate, par ailleurs, que la hausse de l'abstention en 2020 dans différentes communes du département n'est pas indexée sur la distance par rapport à Mulhouse, comme le montre le tableau suivant.

Évolution de l'abstention entre les élections municipales de 2014 et de 2020 dans certaines communes du Haut-Rhin

Communes	Distance par rapport à Mulhouse (en kilomètres)	Hausse de l'abstention entre 2014 et 2020 (en points de pourcentage)
Mulhouse	–	+ 21
Riedisheim	3	+ 21,2
Illzach	4	+ 36
Lutterbach	5	+ 27,9
Kingersheim	6	+ 25,5
Wittenheim	8	+ 29,5
Thann	21	+ 18,8
Ensisheim	23	+ 32
Guebwiller	24	+ 24,5
Colmar	42	+ 21
Ribeauvillé	58	+ 23,4

De la même façon, dans d'autres *clusters*, la hausse de l'abstention n'a pas été systématiquement plus forte qu'au plan national : + 18,2 points à Auray (Morbihan) ou + 13,1 points à Creil (Oise). C'est donc bien à une poussée générale de l'abstention que nous avons assisté, phénomène provoqué par une forte inquiétude face à l'épidémie, et cela, sur tout le territoire national.

2. De l'inquiétude des plus âgés à la sidération de toute la population

Tout au long de la journée du 15 mars, l'abstention qui se dessinait aura constitué un motif d'inquiétude important. En soirée, l'incapacité des candidats et des commentateurs à se concentrer sur les résultats du scrutin, entièrement focalisés qu'ils étaient sur le coronavirus, témoigna en direct de la prise de conscience de l'ensemble du personnel politique. Tous parlèrent à l'unisson pour évoquer la gravité de la situation, le premier tour de ces élections municipales prenant une tout autre couleur à mesure que les heures passaient et que le maintien du second tour était de plus en plus sujet à caution : futile perspective, en effet, dans un tel contexte.

Les deux jours suivants, la France tout entière bascula dans une forme de sidération. « Il fallait s'y attendre… mais on n'a rien vu venir », résume le 18 mars Anne, documentaliste dans un collège du Val-de-Marne. Car, en effet, pourquoi la France aurait-elle échappé à la menace de l'épidémie de Covid-19 ? Pour beaucoup, cette crise témoigne alors d'une certaine arrogance des pays industrialisés, en ce qu'ils auraient sous-estimé ce qui se passait de l'autre côté du monde, en Chine notamment, comme s'il était tout simplement impossible que se produise ici ce qui tuait en nombre là-bas. Au-delà de la prise en considération du cas de la Chine, ce qui passe encore moins bien, c'est l'absence d'enseignements tirés de la situation italienne. Comment expliquer que les autorités n'aient pas appelé au confinement plus tôt, quand la situation à nos frontières se dégradait si vite ? Plusieurs membres de notre « communauté » reviendront sur le sujet dans le cadre de notre enquête, et notamment sur les déclarations perçues comme totalement déplacées de la porte-parole du gouvernement, Sibeth Ndiaye[1], témoignant, dirent-ils

1. Le 11 mars, la porte-parole du gouvernement déclarait : « L'Italie a pris des mesures, je pense notamment aux contrôles de température à l'arrivée de vols en provenance de zones à risque, qui n'ont pas permis d'enrayer l'épidémie. Nous n'avions pas pris ce type de mesure. » Une prise de parole fortement critiquée et perçue comme une remise en cause des méthodes italiennes. Les

alors, d'un « complexe de supériorité si français ». Mais les Français sont nombreux à penser mi-mars que nous avons « une semaine de retard » dans la prise en charge de la crise, et les regards qu'ils tournent vers la botte de l'Europe sont alors source de la plus grande angoisse, compte tenu du nombre de morts qu'on y enregistre et que le confinement ne parvient pas encore à limiter.

Un premier tour des élections qui signe l'impréparation de la France face au Covid-19

Domine dans les témoignages recueillis le sentiment d'une grande impréparation de la France, d'un manque d'anticipation extrêmement dommageable, qui vient aggraver un sentiment de défiance vis-à-vis du pouvoir déjà fortement ancré avant la crise. « Comme d'habitude, nous n'avons pas pris la mesure de la gravité de la situation et nous pensions être à l'abri de ce virus », commente Marc, policier de 49 ans qui vit à Châteauneuf-les-Martigues, dans les Bouches-du-Rhône. « J'avais l'impression de revivre Tchernobyl [quand, en 1986, le nuage toxique s'était, selon la version officielle, arrêté aux frontières de la France] », avance pour sa part Jean-Louis, un Parisien de 58 ans qui se dit choqué « des atermoiements du gouvernement concernant le confinement ». Pour beaucoup, la parole gouvernementale a manqué de clarté au début de la crise. Les interventions d'Emmanuel Macron et celles des membres du gouvernement

critiques venues de toutes parts ont obligé Sibeth Ndiaye à revenir sur ses propos dès le 12 mars, en précisant qu'elle visait uniquement par ses propos ces mesures initiales de contrôle de température et de fermeture des frontières aux vols en provenance de zones à risque, et qu'elle apportait par ailleurs tout son soutien au peuple italien.

ont souvent donné le sentiment d'injonctions contradictoires: «allez voter» mais «restez chez vous», «ne sortez pas» mais «allez travailler», «vous pouvez aller faire du sport» mais «ne sortez que pour des raisons d'extrême nécessité», renvoyant le gouvernement à son impuissance et à sa difficulté à fixer un cap précis face à l'épidémie.

Lors de l'allocution présidentielle du 12 mars, l'absence de consignes fermes contraste fortement, aux oreilles des Français, avec le vocabulaire martial employé par le Président. «Il n'a pas arrêté de parler de guerre mais il n'a jamais dit "confinement"», déplore Jean-Louis. À nouveau, l'exécutif apparaît pris de court, incapable d'anticipation, donnant l'impression d'avoir toujours un train de retard sur le virus. Toute chose égale par ailleurs, ce manque de réactivité fait penser à celui que décrit Marc Bloch en juin 1940: «Notre propre marche était trop lente, notre esprit, également, trop dépourvu de promptitude, pour nous permettre d'accepter que l'adversaire pût aller si vite[1].»

D'ailleurs, plus l'épidémie progresse, plus le confinement se prolonge, plus les critiques sur le manque d'anticipation de la France se font vives. Les enquêtes quantitatives confirment que l'idée d'un manque de réactivité ne cesse de gagner du terrain dans l'opinion à mesure que l'épidémie se propage. À la fin du mois de janvier, il se trouvait encore 59 % de Français pour estimer ainsi que le gouvernement avait réagi rapidement face à la crise. Ils ne sont plus que 48 % un mois plus tard, comme le révèle un sondage réalisé les 27 et 28 février 2020, au lendemain du premier décès français lié au Covid-19. Avec l'annonce de la fermeture des écoles et d'autres mesures de mobilisation importantes, le

1. Marc Bloch, *L'Étrange Défaite* (1946), Paris, Gallimard, 1990, p. 75.

gouvernement freine l'érosion de son image dans l'opinion : 43 % des Français (soit une baisse de 5 points seulement) s'accordent à dire qu'il a réagi rapidement, si l'on en croit une enquête réalisée le 15 mars, à l'occasion du premier tour des municipales.

La mise en place jugée tardive du confinement et l'augmentation rapide du nombre de décès amplifient ensuite cette dynamique d'opinion, le résultat chutant à 29 % les 19-20 mars puis à 26 % une semaine plus tard. Et de fait, l'effet déstabilisant sur notre système de santé de « la vague du tsunami », pour reprendre la formule d'Agnès Buzyn[1], ancienne ministre de la Santé, a rapidement entamé la crédibilité de l'exécutif. Les 19 et 20 mars à nouveau, soit quelques jours après l'instauration du confinement, si 55 % des Français faisaient confiance au gouvernement pour faire face efficacement au coronavirus, ils n'étaient plus que 44 % sept jours après...

Avec le recul, le maintien des élections municipales apparaît comme une aberration, une véritable « erreur politique et sanitaire ». « Des millions de Français que l'on encourage à aller voter et qu'on engueule en leur disant qu'ils sont irresponsables parce que après avoir voté ils se sont promenés ! Si nous sommes en guerre, nous ne sommes pour le moment pas du côté des gagnants », enrage Anne. Il faudra attendre encore un peu pour prendre la mesure des séquelles qu'aura laissées dans l'opinion ce premier tour des élections municipales de 2020. Pourtant, l'annonce quelques semaines plus tard de la contamination de nombreux élus locaux et du décès d'un certain nombre d'entre eux, dont Patrick Devedjian

1. Citée par « Les regrets d'Agnès Buzyn : "On aurait dû tout arrêter, c'était une mascarade" », *Le Monde*, 17 mars 2020.

n'est que le plus célèbre, alimente déjà l'idée que cette prise de risque inconsidérée aurait pu être évitée, en dépit des « conseils scientifiques derrière lesquels le gouvernement a tenté de se cacher ».

Les études épidémiologiques en cours apporteront des éléments de réponse clairs sur l'éventuel effet propagateur du scrutin dans l'ensemble de la population[1]. Mais certaines remontées de terrain indiquent que plusieurs maires, des présidents de bureaux de vote ou des assesseurs, publics potentiellement les plus exposés, ont développé la maladie – voire même en sont décédés – dans les jours ayant suivi l'élection. La date d'apparition des symptômes, quelques jours après le scrutin, laisse penser que ces personnes ont pu contracter le virus dans les bureaux de vote ou à la fin de la campagne lors de porte à porte, distribution de tracts ou de réunions publiques, car beaucoup d'assesseurs sont souvent des militants impliqués dans la vie politique locale. Cette contamination a été logiquement plus fréquente au sein des régions où le virus s'était déjà bien répandu au sein de la population. Trois maires de communes situées dans le quart nord-est du pays (Bas-Rhin, Marne et Côte-d'Or) sont ainsi décédés une dizaine de jours après le scrutin. Plusieurs assesseurs et présidents de bureaux de vote ont, quant à eux, été contaminés en région parisienne, autre foyer précoce, notamment à Franconville et Montmagny

1. À ce sujet, voir déjà Jean-David Zeitoun, Matthieu Faron, Sylvain Manternach, Jérôme Fourquet et Jérémie H. Lefèvre, « Reciprocal Association between Epidemic Spread of Covid-19 in France and People Participation to Municipal Elections : Nationwide Observational Study ». Cette étude à paraître tend à démontrer qu'un niveau de participation élevé ne s'est pas mécaniquement traduit par une accélération de la propagation de l'épidémie dans ces territoires.

(Val-d'Oise), Melun (Seine-et-Marne), ou bien encore dans le XVIIe arrondissement de Paris. La Seine-Saint-Denis a été également très touchée. À Drancy, deux conseillers municipaux sont morts. Jean-Charles Nègre, conseiller municipal de Montreuil et figure du Parti communiste français, n'a pas résisté lui non plus au Covid-19.

Pénurie de masques : symbole de l'incurie de l'État et du déclassement de la France

Au-delà des élections, c'est bientôt la pénurie de masques chirurgicaux, de gels hydroalcooliques et de respirateurs qui occupe tout l'espace médiatique, toutes les conversations, et concentre mécontentement et incompréhension. Sur ce point, la sidération est à son comble : « Comment un pays aussi riche que la France a pu manquer aussi longtemps de masques pour faire face à une telle épidémie ? » Au début du confinement, cette situation choque tout particulièrement en ce qu'elle pénalise les professionnels de santé intervenant auprès des malades, à l'hôpital ou en ville. L'investissement total de ces soignants au péril de leur vie suscite l'admiration de tous. Alors, pourquoi ne met-on pas tout en œuvre pour les protéger et leur faciliter la tâche ? Cette absence de protection est perçue d'ailleurs comme une double mise en danger. Si les personnels soignants sont atteints en nombre, c'est tout le système de soin qui se trouve fragilisé, avec, en bout de chaîne, le risque de perdre encore plus de terrain face à l'épidémie. « À la guerre, il faut utiliser toutes les armes et les masques en sont une, la première même. » Au-delà des professionnels de santé, la situation des « deuxièmes-lignes », pour reprendre la métaphore présidentielle, et notamment celle des salariés de la grande distribution et des forces de l'ordre, inquiète très rapidement. La pénurie de protections pour ces professionnels contraints de continuer à travailler au contact du public est jugée d'autant plus inadmissible qu'elle accroît les risques de transmission et confronte ces personnels à des situations de stress et d'angoisse importantes. « C'est la roulette russe », nous dit un policier chargé d'effectuer les contrôles d'autorisation de circulation sans masque ni gants, aux yeux duquel ce métier s'apparente plus que jamais à un sacerdoce – un « sacrifice », précise-t-il. Au fur et à mesure que ces professions surgissent au premier plan de l'actualité, leur exposition au risque est jugée totalement injuste, indigne d'un pays comme la France.

Cette crise agit alors à la manière d'un révélateur. Beaucoup de Français découvrent avec angoisse que ces États « forts » et « riches » comme le leur sont faillibles, dépassés, démunis, incapables de fournir en masse les protections nécessaires aux soignants pour agir et lutter contre la pandémie. Un peu comme s'il suffisait de se croire fort pour éloigner la menace. Le 15 mars, jour de vote et avant-veille de la mise en place du confinement, 54 % des sondés adhéraient encore à l'idée que « le gouvernement donne tous les moyens aux infrastructures et aux professionnels de santé pour lutter contre le virus ». Confrontée aux témoignages de plus en plus nombreux de médecins ou d'infirmières se plaignant d'un manque criant de masques, de gel hydroalcoolique puis de tests de dépistage, l'opinion bascule très vite dans le reproche et l'incrédulité face au chaos sanitaire. Ainsi, selon un sondage effectué les 26-27 mars, soit à peine dix jours plus tard, ils ne sont plus que 34 % (soit une chute de 20 points) à partager ce jugement.

Le besoin de comprendre est immense pour nos populations, qui se pensaient épargnées, protégées : « Quand on vit en France, on pense que ce genre de chose est impossible, et là on découvre que l'hôpital est à l'abandon, on se dit qu'on est vraiment sur le fil du rasoir ! » résume Jean-Louis. Pour beaucoup, les grandes épidémies relevaient du passé ou des pays en voie de développement.

Le 12 mars, Emmanuel Macron avait donc comparé la situation de la France à celle d'un pays en guerre. Si l'on file la métaphore, beaucoup de nos concitoyens ont éprouvé, au début du confinement, la même stupéfaction et le même abattement qui furent ceux des Français en juin 1940, lorsque l'armée française, réputée la plus puissante du monde, s'effondra en quelques semaines seulement sous les coups de boutoir des *Panzerdivisionen*. De la même manière, nos participants, et plus généralement l'ensemble des Français, se sont demandé comment notre système de santé, lui aussi réputé comme étant l'un des plus performants au monde, a pu se retrouver au bord de l'implosion face au virus. Comment a-t-on pu en arriver là ? Et si, comme à l'époque de Marc Bloch, le courage et l'abnégation des fantassins (aujourd'hui en blouse blanche) forcent le respect, la responsabilité du commandement en chef et de ceux qui ont défini la stratégie semble bel et bien engagée.

Pour preuve, certains discours d'Emmanuel Macron ou des membres du gouvernement sur la valorisation de notre système de santé passent particulièrement mal. Si, en ces temps inédits, le Président est prompt à reconnaître l'héroïsme des soignants dans la « guerre » qui se mène actuellement, pour reprendre ses propos, sa surdité aux cris d'alarme des professionnels de santé et des urgentistes en grève avant l'épidémie est loin d'être oubliée. Et, sur ce point, s'il est loin d'être le seul comptable d'une situation depuis longtemps dégradée, il pourrait se voir accuser, avant la fin de son mandat, d'avoir poursuivi l'« œuvre » de ses prédécesseurs et de ne pas avoir mis les moyens qu'il fallait pour renforcer un système de santé déjà mis à rude épreuve avant cette catastrophe sanitaire.

À l'incompréhension suscitée par la pénurie de masques chirurgicaux au début de la crise succèdent rapidement l'exaspération, la colère, voire même l'indignation devant le spectacle de la lutte à laquelle se livrent les États pour assurer la sécurité de leurs approvisionnements. La mise en cause de la France, accusée d'avoir intercepté des masques à destination de l'Italie et de l'Espagne, n'est d'ailleurs pas passée inaperçue : « Même si on dit souvent qu'en période de guerre tous les coups sont permis », ainsi que nous l'écrit Nathalie, jeune retraitée de l'Éducation nationale qui vit à Saint-Jean-de-Luz, pas sûr que la France ressorte grandie de cette « pitoyable foire d'empoigne ». En outre, comme nous le rappelle Nadine, une Parisienne de 69 ans « en colère », le manque de matériel ne se résume pas aux masques chirurgicaux : « Après le gel hydroalcoolique, les masques, les tests, les places en réanimation, les respirateurs… on commence à parler d'un manque de curare pour soulager les patients. Mais quelle incurie ! » Pour autant, la pénurie de masques chirurgicaux occupe une place singulière dans cet inventaire, comme en atteste la récurrence de ce thème dans les sujets de conversations en mars : 85 % de la population française déclarait avoir évoqué le sujet au mois de mars, plaçant cette thématique en troisième position derrière la propagation de l'épidémie (92 %) et le confinement (91 %)[1]. La pénurie de masques semble ainsi avoir acquis au cours des premières semaines de confinement

1. Tableau de bord politique Ifop-Fiducial pour *Paris Match* et Sud Radio.

une valeur quasi symbolique aux yeux des Français, tant elle est devenue emblématique des manquements reprochés au gouvernement.

L'affaire des masques témoigne en premier lieu, selon nos concitoyens, de l'impréparation présumée de l'exécutif pour lutter contre le phénomène épidémique, mais elle devient rapidement synonyme de son impuissance face à certains pays étrangers devenus des rivaux dans l'approvisionnement de cette ressource stratégique – synonyme également de notre perte d'indépendance nationale et du déclassement de la France. Symboliquement, la mise en place d'un pont aérien pour acheminer des masques depuis la Chine renvoie à une image désastreuse, celle d'un pays, le nôtre, bénéficiant d'une aide humanitaire – comme n'importe quel pays sous-développé.

En parallèle, le masque interroge également notre doctrine nationale, celle de « l'endiguement », fréquemment opposée aux stratégies d'« atténuation » mises en place par Taïwan et la Corée du Sud, où le port du masque est obligatoire. Impossible pour une France sous-équipée d'imiter ces « bons élèves », d'où la terrible question : et si la réponse gouvernementale ne consistait finalement qu'à s'adapter à un contexte de pénurie ? Car, derrière le problème des masques, il y a bien évidemment celui de la communication, en particulier de la communication élyséenne. Tantôt qualifiée de « maladroite », tantôt de « mensongère », elle n'a laissé personne indifférent. La méfiance envers les discours officiels est souvent de mise : « Je pense qu'ils ont caché la gravité du virus au départ pour ne pas affoler la population. Ils ont commencé par dire que ce n'était qu'une petite grippe pour que les gens ne paniquent pas, mais du coup maintenant je me pose des questions sur les informations qu'on nous donne », nous dit Sébastien, un habitant des Hauts-de-France. Ainsi, la publication le vendredi 3 avril d'une recommandation de l'Académie de médecine, qui préconise le port du masque systématique par l'ensemble des Français, jette plus encore le doute sur les propos initiaux du gouvernement, minimisant fortement l'utilité et la pertinence des masques pour lutter contre l'épidémie dans l'ensemble de la population.

L'attitude du gouvernement à propos de l'opportunité de recommander ou non le port du masque grand public a alimenté et cristallisé la défiance grandissante de l'opinion. Selon un sondage publié par *Le Figaro* quelques jours avant l'importante allocution présidentielle du week-end pascal, 76 % des Français (soit une proportion écrasante) estimaient que « le gouvernement a menti en les dissuadant de porter des masques parce qu'il n'y en avait pas suffisamment pour protéger les soignants »[1]. Même dans les rangs des sympathisants de La République en marche, une majorité pointait une forme de « mensonge d'État » pour camoufler l'absence de stocks stratégiques et un défaut d'anticipation. Avoir opté pour cette ligne de communication et s'y être tenu très longtemps[2] – alors que de plus en plus d'experts et de professionnels de santé soulignaient l'utilité du port du masque pour limiter la propagation de l'épidémie – a causé des dégâts très graves à la crédibilité de la politique gouvernementale dans l'opinion.

Alors même que le gouvernement s'arc-boutait sur une position de plus en plus intenable, l'opinion avait littéralement

1. Sondage Odoxa réalisé en ligne du 8 au 9 avril 2020, auprès d'un échantillon national représentatif de 1 000 personnes.

2. Le ministre de l'Intérieur demande le 9 avril aux préfets de casser administrativement les arrêtés pris par certaines villes pour rendre obligatoire le port du masque.

basculé dans le sens inverse : 72 % des sondés se déclaraient favorables au port obligatoire du masque. Cette mesure était encore plus massivement plébiscitée par les seniors, population la plus exposée, 81 % des 65 ans et plus y étant favorables. On notera au passage que les villes qui furent les premières à prendre un arrêté rendant obligatoire le port du masque sur leur territoire (Cannes, Nice ou Royan) comptent une proportion particulièrement élevée de retraités parmi leurs habitants. Sans plus attendre un revirement de la position du gouvernement sur le sujet, les Français qui avaient pu se procurer des masques ou qui s'en étaient confectionnés eux-mêmes étaient de plus en plus nombreux à adopter cet outil de protection. Le 5 mars, soit douze jours avant la mise en place du confinement, porter un masque apparaissait encore totalement saugrenu aux Français. Seuls 2 % de nos concitoyens déclaraient le faire, tant l'accessoire semblait réservé aux touristes asiatiques, sur lesquels on portait collectivement un regard mi-amusé, mi-surpris. Selon une enquête réalisée du 21 au 23 mars, cette pratique n'avait que peu progressé après l'entrée en vigueur du confinement, puisque le taux de personnes sortant avec un masque n'était alors que de 9 %[1]. Deux semaines plus tard, et en dépit de la pénurie persistante, 37 % des Français en portaient, ce qui constitue une progression très spectaculaire.

1. Enquête Ifop pour Depanneo réalisée du 21 au 23 mars 2020, auprès d'un échantillon national représentatif de 3 011 personnes.

CHAPITRE II

L'entrée dans le confinement : les Français s'organisent

Malgré les nombreuses craintes déjà présentes, dans les premiers jours du confinement l'heure n'est pas encore à la polémique politicienne ni à la condamnation, mais à la sidération, à la mobilisation et à l'organisation pratique. Alors, quand le président de la République fixe au mardi 17 mars midi le terme du délai accordé pour choisir son lieu de confinement, une part non négligeable de Français, parmi ceux qui peuvent se le permettre, n'hésitent pas à prendre la route ou le train…

1. L'exode sanitaire : une nouvelle manifestation de la sécession des élites

Forte affluence dans les gares parisiennes les 16 et 17 mars, loueurs de voitures submergés par la demande, circulation intense sur différents axes routiers, cages d'escalier se vidant subitement dans certains quartiers : autant d'indices du départ d'une fraction significative de la population vivant dans les grandes agglomérations en anticipation ou en réaction à l'annonce de l'instauration du confinement par le Président.

Pour en prendre la mesure, nous nous sommes appuyés sur un double dispositif d'études fondé, d'une part, sur l'interrogation classique d'un échantillon national représentatif de 1 000 personnes et, d'autre part, sur une consultation plus inédite *via* différents comptes Twitter et la sollicitation d'abonnés aux publications de la Fondation Jean-Jaurès, de l'Ifop et de *L'Obs*. Ce second volet du dispositif ne visait pas à constituer un échantillon représentatif de la population française mais à collecter le plus grand nombre possible de répondants relevant de l'univers des leaders d'opinion et plus largement d'un public de cadres, professions intellectuelles et diplômés (les catégories socioprofessionnelles supérieures, ou CSP +), profils très surreprésentés sur Twitter et dans les bases de contacts en question. Plus de 3 000 personnes ont participé à cette enquête, ce qui nous a permis de fonder nos analyses sur des bases statistiques solides.

L'exode sanitaire : une pratique marginale dans la population générale mais plus répandue parmi les CSP + parisiennes

Les résultats de cette double enquête révèlent que la pratique de « l'exode sanitaire » n'a concerné, en début de confinement, que 4 % de la population générale, soit une proportion très réduite, l'écrasante majorité de nos concitoyens ayant décidé de passer la période de confinement dans leur lieu de résidence habituel. Toutefois, ce taux est sensiblement plus élevé dans notre seconde enquête visant les publics plus caractérisés CSP + puisque la proportion de personnes déclarant avoir quitté leur logement principal ou habituel atteint 10 %. Et au sein de ce second échantillon, parmi lesquels les habitants de la capitale sont nombreux, la proportion de Parisiens ayant opté pour la migration s'établit à 17 %, soit un taux assez significatif et près de quatre fois supérieur à celui qui est constaté dans l'échantillon national représentatif. Ce taux est également nettement plus élevé que la moyenne observée dans les Hauts-de-Seine (12 %), quand les participants à la seconde enquête résidant dans les autres départements franciliens révèlent un taux de départ nettement moins élevé, de l'ordre de 7 %.

D'après *Le Parisien*, « la SNCF confirme avoir enregistré une augmentation notable de ses réservations et l'attribue aux déplacements des Franciliens[1] ». Les chiffres obtenus à travers notre enquête viennent corroborer ce constat, mais aussi le préciser en identifiant les principaux foyers de départ non pas au sein de toute l'Île-de-France mais principalement à Paris et dans les Hauts-de-Seine, donc. Ces ordres de grandeur seront confortés quelques jours plus tard par la publication d'une estimation des flux de déplacement de la population fondée sur les données de l'opérateur téléphonique Orange. Cette analyse évaluera à 20 % la proportion de la population ayant quitté l'agglomération parisienne. Quoi qu'il en soit, ces départs assez massifs ont contribué, avec le confinement, à vider les rues de la capitale en un laps de temps très court. Clin d'œil grinçant de l'histoire, les artères parisiennes étaient alors ornées d'affiches faisant la promotion d'une exposition intitulée « 1940 : les Parisiens dans l'exode ». Hormis ce sombre parallèle mémoriel, on peut également établir une comparaison historique entre ce sauve-qui-peut de toute une frange des classes favorisées parisiennes face à l'avancée du virus et à l'imminence d'un

1. « Coronavirus : par crainte du confinement, ils fuient Paris », *Le Parisien*, 20 mars 2020.

confinement de longue durée et les nombreux départs vers la Suisse des porteurs de capitaux en mai 1968. Les troubles de Mai 68 avaient, comme lors d'autres événements politiques et sociaux (1924 et la victoire du cartel des gauches, celle du Front populaire en 1936), donné lieu à des sorties massives de capitaux vers l'étranger. Pour faire face à cette hémorragie qui avait entraîné la chute du franc, le gouvernement de l'époque avait instauré un strict contrôle des changes. Mais, pour contourner cette contrainte, des milliers d'épargnants et de détenteurs de capitaux avaient pris le risque de franchir la frontière en emportant avec eux des espèces sonnantes et trébuchantes pour les placer discrètement dans certains établissements bancaires, en Suisse notamment[1].

En 2020, les autorités auront été confrontées non pas à un exil fiscal mais à un exode sanitaire, ce qui a nécessité la mise en œuvre de certaines mesures de contrôle et de restriction, compte tenu du volume de population concerné. Le secrétaire d'État chargé des transports, Jean-Baptiste Djebbari, indiquait ainsi le 17 mars sur LCI : « Nous allons progressivement diminuer la fréquence et la cadence des trains, notamment longue distance, pour éviter que, par ces phénomènes d'exode, le virus ne circule davantage. » Cette décision a sans doute eu pour effet de limiter les flux de départs, mais nombre de mouvements sont intervenus dans les vingt-quatre ou quarante-huit heures précédant le confinement et ont été le fait de personnes ayant anticipé la teneur de l'annonce présidentielle. À noter, par ailleurs, que les données de notre seconde enquête indiquent que

1. Voir sur ce point Janick Marina Schaufelbuehl, « Une dimension méconnue du Mai 68 français : la fuite des capitaux », *Vingtième Siècle. Revue d'histoire*, n° 124, 2014, p. 141-154.

les Parisiens ayant quitté la capitale n'ont pas tous choisi de prendre le train, une proportion significative d'entre eux étant partis en voiture. Quelques semaines plus tard, à l'occasion du début des vacances en Île-de-France puis lors du week-end de Pâques, les forces de l'ordre seront massivement déployées sur le périphérique, aux principaux péages autoroutiers et dans les gares parisiennes pour dissuader les aspirants au départ…

Des départs qui ont concerné d'abord les plus jeunes et les segments les plus aisés

Compte tenu de la taille de l'échantillon de l'enquête (plus de 3 000 répondants) et du mode de recueil employé (sollicitation *via* Twitter et différents fichiers d'abonnés à des sites d'information), nous avons pu interroger près de 800 Parisiens appartenant très majoritairement à la partie la plus diplômée et favorisée de la population de la capitale. Cet échantillon nous a donc offert la possibilité d'analyser plus finement le phénomène de migration au sein de la population qui l'a le plus nourri. Alors que bon nombre d'« exilés du Covid-19 » interrogés dans les médias mettent souvent en avant le fait d'avoir voulu disposer d'un lieu de vie plus adapté au confinement en famille que leurs appartements parisiens, on constate que, si le départ de Paris a en effet un peu plus concerné les personnes ayant des enfants (20 %), ceux qui n'en disposaient pas auront été presque aussi nombreux (16 %).

L'âge constitue en revanche une variable beaucoup plus structurante. Les jeunes ont ainsi composé une part importante des cohortes de Parisiens ayant quitté la capitale. 28 % des moins de 35 ans ont décidé d'aller passer le confinement au-delà du périphérique (la plupart d'entre eux ayant rejoint des membres de leur famille, souvent leurs parents). On relève un taux deux fois plus faible au sein des 35-49 ans et des 50-64 ans (13 %), moins mobiles et disposant d'une résidence principale plus spacieuse que les Parisiens les plus jeunes. Enfin, seulement 9 % des habitants de la capitale âgés de plus de 65 ans ont choisi de se mettre au vert pendant le confinement.

Sociologiquement parlant, les données de notre étude indiquent que la proportion des migrants sanitaires aura été plus élevée dans certains milieux que dans d'autres – par ordre décroissant : les professions de l'information, des arts et du spectacle, les professions libérales, les commerçants et les cadres du privé et du public.

La ruée vers l'Ouest

Parmi les points de chute recensés, il semble que les littoraux de la façade ouest du pays ont fait l'objet d'un engouement particulier. Dans la presse nationale ou locale, de nombreux témoignages sont rapidement remontés décrivant une arrivée significative de « Parisiens » entre les 15 et 17 mars. Compte tenu de la configuration géographique des lieux, cet afflux a été particulièrement manifeste dans les îles. Qu'il s'agisse de Belle-Île-en-Mer, de Bréhat, de Noirmoutier, de l'île d'Yeu, ou bien encore de l'île de Ré[1], partout des Franciliens ou des habitants des grandes métropoles (Bordelais à l'île de Ré, par exemple) ont été vus prenant

1. Les données de l'opérateur téléphonique Orange indiquent que la population de cette île aurait augmenté de 30 % lors de la mise en place du confinement.

d'assaut les bateaux ou arrivant en rang serré sur les ponts d'accès à ces îles. Ainsi, les employés de la compagnie Océane, qui assure la liaison avec Belle-Île, ont noté dès le dimanche 15 mars une arrivée massive de Parisiens. Même constat de la part d'un salarié de la compagnie maritime desservant l'île de Bréhat : « Depuis hier, ça n'arrête pas. Plusieurs dizaines de personnes originaires de la région parisienne viennent se confiner dans leur résidence secondaire[1]. » Plus au sud, l'île de Ré a connu le même phénomène, avec une subite multiplication par deux ou trois de la population dans certaines communes. Ces arrivées massives ont provoqué un changement dans la physionomie des lieux, notamment un nombre tout à fait inhabituel de maisons aux volets ouverts en cette saison, le phénomène n'ayant pas échappé à la sagacité des « locaux ». Le maire d'Ars-en-Ré s'exclamant par exemple : « On se croirait aux vacances de Pâques[2] ! » Mais les îles n'auront pas été les seuls « *spots* » de repli des populations migrantes : ce phénomène d'exode sanitaire aura frappé plus généralement toutes les stations balnéaires, de Deauville à Saint-Jean-de-Luz, en passant par La Baule ou Arcachon. Comme le montre le graphique suivant, les données de l'institut Nielsen, qui compilent les sorties de caisse en grandes surfaces, confirment cette ruée vers le littoral. Sur le plan national, les achats de produits de grande consommation ont fait un bond durant la première semaine du confinement (+ 30 %), mais l'augmentation a été deux fois plus marquée dans les stations balnéaires.

1. Cité par « Coronavirus. Exode vers l'île de Bréhat : le confinement insulaire à la cote », *Ouest-France*, 17 mars 2020.
2. Cité par « Coronavirus : l'île de Ré devient un lieu de confinement très prisé », FranceBleu.fr, 17 mars 2020.

Évolution des achats de produits de grande consommation du 16 au 22 mars 2020 par rapport à la même semaine en 2019

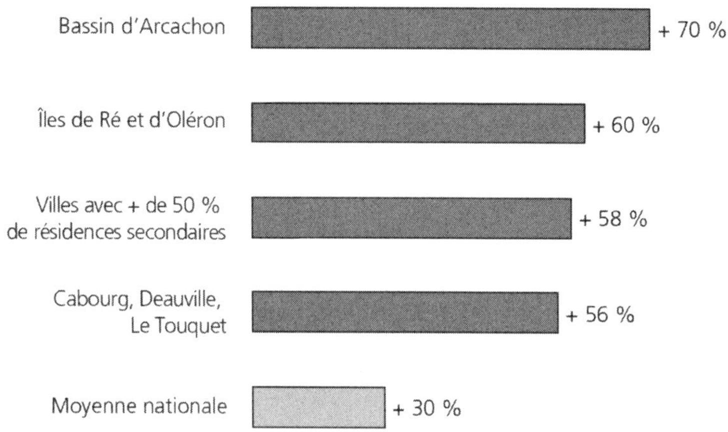

SOURCE : Nielsen, cité par *Le Point*, 2 avril 2020.

Le fait que le littoral atlantique et normand ait été privilégié s'explique, d'une part, par le nombre important de familles aisées qui y disposent d'une résidence secondaire, d'une maison de famille ou d'amis en possédant une. Pour autant, cet aspect pratique et logistique n'aura pas été le seul déterminant du choix de la destination. En dépouillant la presse nationale et locale, on constate en effet que le littoral du Nord (dont certaines zones sont pourtant familières du public parisien, comme Le Touquet – la station s'appelant d'ailleurs, de son nom complet, Le Touquet-Paris-Plage – ou la baie de Somme) n'a pas connu un tel afflux de population. On peut faire l'hypothèse qu'en termes d'image cette région présentait un profil sanitaire moins sûr que la façade ouest du pays. En effet, au moment de l'annonce du confinement, la carte de la diffusion de l'épidémie situait les principaux foyers de contamination dans le Grand-Est et en Île-de-France, mais aussi dans les Hauts-de-France, avec en particulier un *cluster* initial dans l'Oise.

Nombre de cas de Covid-19 au 17 mars 2020, par région

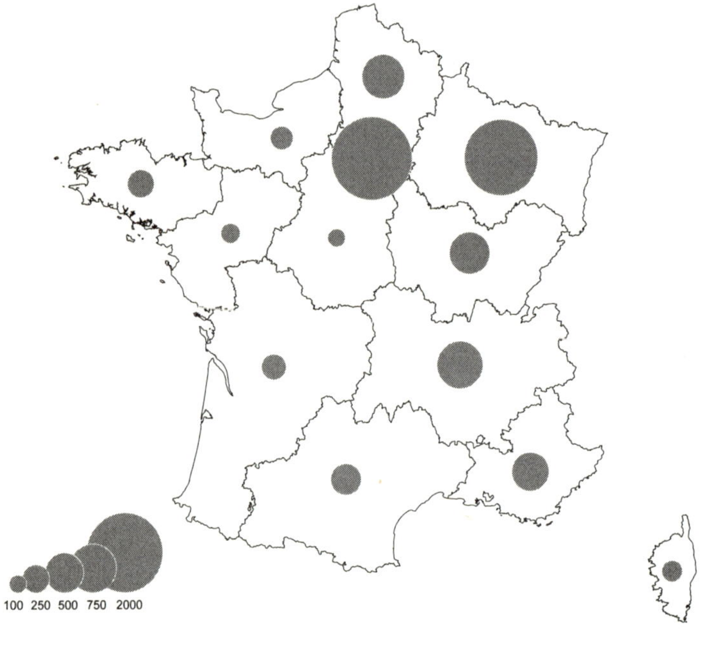

Source : Santé Publique France.

La carte « mentale » du risque ainsi dessinée, et qui a été très massivement diffusée dans les médias, faisait donc apparaître le quart nord-est du pays comme la principale zone de danger, et la façade ouest et *a fortiori* ses îles comme autant de havres de tranquillité sanitaire.

En dépit des explications données par les médecins et les spécialistes sur le fait que la contagion du virus opère par contact humain rapproché, l'idée ancienne et traditionnelle selon laquelle le virus en question, à l'instar des miasmes d'antan, circule dans l'air aura été largement partagée par toute une partie de la population. D'où le désir de fuir les atmosphères viciées et de se réfugier au plus vite dans des régions offrant une meilleure qualité d'air, au premier rang desquels les littoraux iodés. Les expressions telles qu'« air frais », « grand air », « bon air » ou « air marin » sont ainsi omniprésentes dans les propos de ces « exilés sanitaires » interrogés par la presse, comme l'illustrent les verbatims suivants : « On préfère passer la quarantaine en Bretagne avec de l'air frais et un jardin avec peut-être la possibilité de se balader[1] » ; « Je n'en pouvais plus de Paris. Ici au moins, à Deauville, on respire, et j'espère que nous pourrons marcher un peu chaque jour sur la plage[2] » ; « Je suis psychologiquement victime du climat anxiogène qui règne à Paris. Dans la perspective d'un enfermement dans une ville sous pression, de la promiscuité, des pénuries, mais plus que tout de la psychose ambiante, j'ai préféré aller me mettre au vert au pied des Pyrénées[3] ».

Avec deux à trois cents ans de décalage, on retrouve ici des représentations des rivages marins qui se sont

1. Cité par « Coronavirus : l'angoisse du confinement incite les Parisiens à l'exode vers la Bretagne », FranceBleu.fr, 16 mars 2020.

2. Cité par « À Deauville : l'exode des Parisiens qui choisissent la côte fleurie pour vivre leur confinement », Actu.fr, 17 mars 2020.

3. Cité par « Saint-Jean-de-Luz : Les Parisiens viennent se confiner en résidence secondaire pour fuir le coronavirus », *Sud-Ouest*, 17 mars 2020.

progressivement imposées aux XVIIIe et XIXe siècles dans l'aristocratie et la grande bourgeoisie avant de se diffuser plus tard dans le reste du corps social. Comme l'a magistralement montré Alain Corbin dans *Le Territoire du vide. L'Occident et le désir du rivage*[1], nous sommes alors passés d'une image peu attractive et menaçante du littoral à une vision beaucoup plus positive et valorisée. Avec force détails, l'historien montre comment l'essor de la thérapie balnéaire a façonné *une topographie médicale du rivage*. Dans ce cadre, déjà à l'époque, les côtes de l'Atlantique et de la Manche étaient privilégiées car réputées plus saines et plus ventées, notamment en comparaison des rivages méditerranéens supposés propices à la *prolifération miasmatique*.

Un peu partout sur ces littoraux, notamment ceux qui sont peu ou pas trop éloignés de Paris, se sont développées au cours du XIXe puis du XXe siècle des stations balnéaires offrant à une clientèle aisée tout le confort souhaité. La construction de Deauville par des financiers et autres aristocrates liés au Second Empire constitue un cas emblématique de ce phénomène. Les époux Pinçon-Charlot ont consacré une monographie à la genèse de cette prestigieuse station. Ils notent : « Deauville était le prolongement estival des beaux quartiers parisiens et abritait sous d'autres formes le même univers du luxe et du pouvoir[2]. » À l'heure du nouveau coronavirus, dans le même esprit, Deauville a manifestement rempli une autre fonction, celle de zone de repli, ainsi que le relate cette femme interviewée par la presse locale : « Avec

1. Paris, Flammarion, 1990.
2. Michel et Monique Pinçon-Charlot, « L'aristocratie et la bourgeoisie au bord de la mer. La dynamique urbaine de Deauville », *Genèses*, n° 16, 1994, p. 69-93.

mon mari, nous nous sommes réfugiés dans notre résidence secondaire, il y a quelques jours[1]. »

Ce réflexe a manifestement été partagé par de nombreuses personnes, et cela dès le week-end précédant le confinement : c'est ainsi que la petite cité normande a été le théâtre d'un véritable afflux de Parisiens. Ce flux s'est poursuivi jusqu'au 16 mars au soir. Au moment où Emmanuel Macron prononçait son allocution, un train bondé en provenance de Paris arrivait en gare de Deauville-Trouville, et le flot des passagers lourdement chargés descendant sur le quai engendra « une ambiance d'exode ce lundi soir à Deauville », comme le note un quotidien normand[2].

L'exode sanitaire ou le dernier avatar de l'affrontement entre Somewhere et Anywhere

Pour tenter de juguler cet afflux de personnes susceptibles de propager le virus dans la population locale et/ou de mettre en tension les infrastructures hospitalières ou les commerces alimentaires, certaines autorités locales ont pris des mesures restreignant l'accès à leur territoire. Essentiellement les îles, dans la mesure où les flux entrants peuvent y être assez facilement contrôlés. Très rapidement, les navettes desservant les îles bretonnes ont ainsi été réservées aux résidants permanents ou aux professionnels, et le nombre de rotations vers Belle-Île, Ouessant ou Bréhat a été réduit. On notera également qu'en certains lieux l'accueil par les locaux a souvent été assez froid dans un premier temps. Plusieurs

1. Cité par « À Deauville… », art. cité.

2. « Boulangers, bouchers et traiteurs pris d'assaut à Deauville, qui se réveille totalement sonnée », *Paris Normandie*, 15 mars 2020.

exilés sanitaires ont même dû essuyer des réflexions plutôt hostiles dans des commerces ou de la part de voisins leur reprochant de prendre le risque de propager le virus dans des zones jusqu'alors préservées. L'hostilité, à l'occasion, s'est exprimée à travers des tags ou des dégradations de véhicules.

Ces réactions auront d'abord été guidées par la peur, mais sans doute renvoie-t-elle aussi de manière plus profonde et ancienne à l'opposition entre les « natifs » (ou « locaux ») et les « Parisiens ». Cette expression générique est employée dans de nombreuses régions pour désigner des personnes non issues du territoire, disposant d'un certain pouvoir d'achat et venant y résider épisodiquement, soit en y prenant une location, soit après y avoir acheté ou fait construire un logement. Dans de nombreuses régions touristiques, et notamment littorales, l'acrimonie à l'égard des « Parisiens » se nourrit habituellement du fait qu'ils se comporteraient « en terrain conquis », autrement dit en faisant peu de cas des usages locaux. On leur reproche également de faire monter les prix de l'immobilier (bon nombre de ces territoires sont objectivement soumis à une forte inflation dans ce secteur) et d'évincer mécaniquement les jeunes du cru, qui ne trouvent plus à se loger. Derrière ces critiques anciennes se trouve un clivage entre les « gens du coin » et les « Parisiens » pour le contrôle symbolique et économique du territoire en question. Les « natifs » se sentent souvent dépossédés et ont du mal à accepter les transformations paysagères et culturelles induites par la « résidentialisation » de leur région[1], sur laquelle ils estiment, en quelque sorte, disposer

1. Dont quelques-uns tirent néanmoins avantage en vendant cher certains terrains à ces mêmes « Parisiens » ou en travaillant dans des secteurs dépendant directement ou indirectement du tourisme et de l'économie résidentielle.

d'un droit d'antériorité du fait de leur ancrage familial. Cet attachement est d'autant plus fort que ces populations sont en général peu mobiles et ont construit leur identité et leur rapport au monde au travers de ces territoires, qu'ils habitent depuis des générations. On reconnaîtra ici la définition des «*people from somewhere*» selon David Goodhart[1]. Face à eux, les « Parisiens », autrement dit tous ceux qui, étant issus des catégories aisées, séjournent en un lieu dont ils ne sont pas originaires et entretiennent donc un rapport différent avec lui : ils en jouissent ponctuellement lors d'un week-end prolongé, ou plus régulièrement quand ils y possèdent un bien immobilier. Cette population, beaucoup plus mobile, peut être sincèrement attachée à ce territoire, mais elle ne le « consomme » qu'une partie de l'année, avant de le quitter une fois la saison terminée, pour gagner d'autres lieux qu'elle affectionne tout autant. Ces «*people from anywhere*» sont en fait, pour reprendre à nouveau Goodhart, « partout chez eux » et pratiquent une forme de nomadisme dans le cadre de nos sociétés contemporaines. À l'occasion du déclenchement de l'épidémie de coronavirus, une fraction d'entre eux a donc très spontanément et naturellement décidé de quitter sa résidence habituelle pour rejoindre un lieu de villégiature plus agréable et sanitairement plus sûr que le cœur des grandes métropoles. En arrivant sur place, beaucoup de ces nouveaux nomades ont été étonnés de subir de telles manifestations d'hostilité de la part des sédentaires redoutant qu'ils ne colportent, avec insouciance ou égoïsme, le Covid-19.

1. Cf. *Les Deux Clans. La nouvelle fracture mondiale*, Paris, Les Arènes, 2019.

Les zones de villégiature et les attaches familiales mises à contribution sur l'ensemble du territoire

Si, dans un premier temps, l'afflux de réfugiés sanitaires a surtout été repéré sur les littoraux de l'ouest de la France, il semble que cette migration provisoire aura concerné finalement de très nombreux territoires. Les résultats de notre seconde enquête indiquent, en effet, une très grande dispersion des destinations du public concerné sur une échelle plus ou moins importante selon les cas, la plupart des départements ayant accueilli des exilés du Covid-19. Plusieurs raisons à cela. D'abord, nombre de personnes (en particulier parmi les plus jeunes) ont entrepris de rejoindre leur famille ou des proches. Or, les attaches familiales ou amicales étant extrêmement diversifiées géographiquement, elles maillent en quelque sorte tout le territoire national.

Parallèlement, près d'un tiers des « réfugiés sanitaires » ont choisi d'aller passer la période du confinement dans leur résidence secondaire ou dans une maison de famille. Cependant, à l'instar des réseaux familiaux ou amicaux, le parc de résidences secondaires et/ou de maisons de famille est extrêmement étoffé en France. Ces territoires, où les « Parisiens » ont leurs habitudes et disposent de biens immobiliers, ont été particulièrement exposés à l'afflux provoqué par l'épidémie, surtout quand ils se situent à distance raisonnable de l'agglomération parisienne. C'est le cas notamment du Perche ornais, comme en témoignent les données rendues publiques par Orange (le Perche, à l'instar de la Sologne, ressort très nettement sur la carte publiée) ou les propos de Sylvie Prat, gérante d'un Carrefour Contact dans la petite ville de Bellême, qui a vu son chiffre d'affaires multiplié par quatre dès le vendredi 13 mars[1] – de nombreux propriétaires de résidence secondaire étant venus se ravitailler après avoir décidé de prolonger leur week-end et de ne pas « rentrer sur Paris ». La Normandie au sens large (et pas uniquement la zone Deauville, Cabourg, Trouville) aura manifestement constitué un havre de sécurité pour bon nombre de « Parisiens » en exil, et plus particulièrement ceux qui travaillent dans l'univers des médias, ainsi que le relate *Le Parisien* le 17 mars : « Matthieu Belliard présente la matinale d'Europe 1 de chez lui, non loin de la Normandie. *Idem* pour les chefs de service et journalistes, dont certains ont été s'installer en province. » Dans le même ordre d'idées, on notera que, pendant toute la durée du confinement, le tournage de l'émission « C politique », diffusée par France 5, a été délocalisé à Rémalard, en plein cœur du Perche ornais.

La dispersion sur une bonne partie du territoire national de personnes ayant fui le confinement s'explique également par le fait que, si la région parisienne, en premier lieu Paris et les Hauts-de-Seine, a constitué la principale zone de départ, cette migration saisonnière sur fond d'épidémie a connu également des foyers de départ secondaires. Après analyse de notre second échantillon, à forte dominante francilienne mais comportant aussi un nombre important de CSP + résidant en province, il apparaît qu'un phénomène d'exode sanitaire s'est également produit depuis des métropoles comme Bordeaux (15 % de répondants de Gironde déclarent avoir quitté leur logement durant cette période), Lille (15 % également dans notre sous-échantillon représentant le département du Nord), ou bien encore Toulouse

1. « Coronavirus : les Parisiens en province, entre colère et bonne cohabitation », *Le Monde*, 22 mars 2019.

(13 % dans le département de la Haute-Garonne). Ces chiffres engagent des volumes de population conséquents[1], qui se sont donc disséminés sur le territoire. À l'instar de ce que l'on a observé pour les « Parisiens », les cadres, professions intellectuelles et libérales de ces villes ont souvent opté pour des destinations familières et pas trop éloignées ; chaque grande métropole régionale dispose historiquement de son propre hinterland touristique et de villégiature.

2. Stocker pour affronter des temps troublés

Au-delà de l'ampleur de l'exode sanitaire, un autre élément alerte rapidement sur le niveau d'inquiétude des Français au début du confinement. Sous l'effet d'une absence de visibilité quant à l'évolution de la situation, les consommateurs se sont rués sur les denrées non périssables, réflexe classique en période de conflit, de crise sociale… et d'épidémie. L'analyse de l'évolution des achats en magasins recensés par le cabinet IRI et l'institut Nielsen renseignent bien sur les changements successifs d'état d'esprit des Français durant le confinement. Les achats effectués lors de la première semaine ont clairement été motivés par la précaution. Dans la semaine du 16 au 22 mars, selon le cabinet IRI, les ventes de riz et de pâtes ont bondi de 123 % par rapport à la même semaine un an plus tôt, suivis par les surgelés salés (+ 70 %). La hausse a encore été plus spectaculaire pour les raviolis en boîte (+ 159 %), qui entrent ainsi manifestement, aux côtés du riz et des pâtes, dans la liste très fermée des produits de

1. Même si la référence n'est pas ici l'ensemble de la population de ces agglomérations mais sa strate supérieure.

« crise » que chaque foyer se doit de stocker en quantité aussitôt que les difficultés s'annoncent[1].

Ces comportements ont sans doute été partagés par une large partie des Français, mais dans des proportions différentes selon les individus, en fonction de leur niveau d'angoisse, de leur capacité à se montrer altruiste et des moyens dont ils disposent. Ainsi, les premières semaines de confinement ont été marquées par de nombreuses critiques sur « ces gens » qui ont acheté de façon démesurée et contribué ainsi à vider les rayons, révélant une absence de mesure et d'esprit de solidarité. « Le client devant moi a acheté pour 2 500 euros de viande », rapportait Anne, la documentaliste de la région parisienne, choquée une semaine après le début confinement. « On a bien vu au début le manque de civisme des gens, c'était chacun pour soi, par peur de manquer de nourriture... Alors qu'il faut être solidaire », surenchérissait Valérie, une assistante maternelle de 54 ans qui vit à Réchicourt-le-Château, en Moselle.

Les ventes de denrées périssables se sont maintenues à un bon niveau mais, compte tenu de l'ampleur des réserves constituées dans les premiers jours, elles ont nettement ralenti par la suite. Ce ralentissement traduit aussi une moindre appréhension des Français face au risque de pénurie alimentaire. S'installant dans la durée en confinement et prenant leur mal en patience, nos concitoyens ont ensuite varié les plaisirs et opté pour la pâtisserie et les gâteaux faits maison. D'après le cabinet IRI, au cours de la semaine du 30 mars au 5 avril, on a enregistré une hausse des achats de farine de 146 % (par rapport à la même semaine en 2019),

1. « Covid-19 : mesure impact semaine du 16 au 22 mars », IRIworldwide.com.

de 150 % pour les œufs et de 176 % pour la levure et les sucres aromatisés en grande et moyenne surfaces. Mais si, passé les premières semaines de confinement, la pâtisserie a connu un tel engouement, c'est manifestement parce qu'il s'agissait de renouer avec des plaisirs simples à partager dans le cadre du foyer, sans que l'esprit soit à la fête pour autant. Le champagne est ainsi le produit qui a accusé la plus forte baisse de ses ventes durant cette période (– 63 %), suivi de près par les glaces (– 59 %) et les articles de confiserie et autres chewing-gums (– 58 %). L'ambiance générale est empreinte de gravité, et les « petits achats plaisirs » ne sont pas à l'ordre du jour. De la même manière, les dépenses en produits d'esthétique et de beauté sont en berne : – 56 % pour le maquillage, – 52 % pour les laques et – 50 % pour les parfums[1].

Signe supplémentaire de l'inquiétude qui s'est emparée des Français : à côté de la constitution de stocks de denrées alimentaires non périssables et de l'adoption rapide des « gestes barrière », les dépôts sur les livrets A et de développement durable et solidaire ont augmenté, au cours du mois de mars 2020, de 50 % par rapport à mars 2019, alors même que les taux d'intérêt de ces livrets sont historiquement bas. La constitution de cette épargne de précaution ne manque pas d'inquiéter le gouvernement : cet argent mis de côté ne viendra peut-être pas autant qu'il le souhaite irriguer la consommation à l'issue du confinement[2].

1. « Covid-19 : mesure impact semaine du 30 mars au 5 avril », IRIworldwide.com.

2. Voir « L'envolée de la collecte du livret A en mars inquiète Bruno Le Maire », *Le Figaro*, 16 avril 2020.

CHAPITRE III

Nos vies confinées

1. Covid-19 : la confusion des sentiments

« On entend les oiseaux à Paris »

À partir du 17 mars, « le jour où tout a basculé », le confinement s'est organisé. La table à manger du salon s'est transformée en bureau, les escaliers de l'immeuble en salle de sport, les balcons, terrasses et jardins n'ont jamais été aussi précieux, pour sortir, prendre l'air et communiquer avec ses voisins. En ce début de confinement, le bruit de ces derniers ne dérange d'ailleurs plus autant qu'avant. Au contraire, il donne à entendre la vie, à se sentir ensemble dans ces villes et rues nouvellement désertes où le silence des voitures permet de redécouvrir le chant des oiseaux. Pour reprendre l'expression d'Alain Corbin, le passage au confinement s'est matérialisé, pour beaucoup de nos participants, par l'entrée dans un nouveau « paysage sonore »[1], et cette expérience sensorielle nouvelle marque les esprits. « J'ai la chance d'habiter en centre-ville, avec des voisins proches. Confinée, mais pas seule : on se parle, on trinque

1. *Les Cloches de la terre. Paysage sonore et culture sensible dans les campagnes au XIXe siècle*, Paris, Albin Michel, 1994.

depuis les terrasses. J'entends la vie, les rires, les pleurs des enfants, des bribes de conversation, de la musique, des murmures lointains… les oiseaux, le coucou à l'instant qui m'accompagne, le piaillement des mouettes depuis deux jours. Et tout cela me rassure », rapporte Isabelle, 56 ans, qui vit à Carquefou, près de Nantes… « On entend les oiseaux à Paris », surenchérit Nicolas, Parisien de 23 ans. Mais, s'il y a quelque chose de plaisant à entendre la nature se réapproprier l'espace urbain, le « silence » des villes angoisse plus qu'il n'apaise. Il participe de la sidération ressentie face à ce qui apparaît totalement « impensable », « irréel », « inimaginable ».

En ces premiers jours de confinement, chacun se réapproprie son logement et mesure sa chance à l'aune de ses mètres carrés et d'un éventuel espace extérieur. De nombreux participants à notre petite communauté se disent « chanceux », parce qu'ils jouissent d'un logement dans lequel ils se sentent bien. Ceux qui bénéficient d'un espace extérieur s'estiment extrêmement privilégiés. L'importance du logement et de l'espace, en ces temps de confinement, dessine une première ligne de fracture fréquemment mentionnée entre ceux qui ont un logement et ceux qui n'en ont pas (SDF, migrants, etc.), entre ceux qui ont de l'espace et ceux qui sont confinés à l'étroit. Le fait d'être seul ou à plusieurs constitue un autre élément important qui conditionne fortement la projection dans un confinement de longue durée. Si certaines familles « ne voient pas le temps passer », les personnes seules, surtout lorsqu'elles sont âgées, se montrent beaucoup plus anxieuses au sortir des premières journées de confinement, qui passent « très, très lentement ». C'est bien souvent la séparation avec les enfants ou les petits-enfants qui est la plus douloureuse, cette angoisse de « ne pas savoir quand on les reverra ». Ainsi, si le confinement est bien une épreuve qui s'impose à tous, il n'est pas vécu de la même manière par tous et engendre une expérience qui est loin d'être homogène et uniforme.

Mais ce qui frappe le plus, à la lecture des témoignages recueillis quelques jours après le début du confinement, c'est le décalage ressenti entre l'urgence extérieure, l'accélération de l'épidémie (qui nécessite de lutter, d'aller vite, d'agir), et le temps qui pour la plupart semble s'être presque arrêté, renvoyant certains à un sentiment de passivité et d'impuissance. Un autre décalage se dessine alors. Malgré la brutalité de la situation et son caractère inédit, en dépit de cette « épée de Damoclès » qui nourrit de fortes angoisses, le quotidien ressemble encore pour beaucoup, en ces premiers jours de confinement, à ce qui a déjà été vécu… dans la torpeur d'un mois d'août à Paris, pendant une longue période d'examens ou d'arrêt maladie, etc. Pour quelques-uns, le soleil aidant, ces premiers jours auraient presque le goût des vacances, une légère amertume en plus… parce qu'on anticipe souvent que le « pire est à venir ». « J'ai l'impression de quelque chose d'à la fois très loin et d'extrêmement proche selon les moments de la journée. Une sorte d'épée de Damoclès qui peut vous tomber sur la tête à tout moment », commente Anne, la documentaliste du Val-de-Marne.

« J'ai peur de mourir »

Passé le moment du choix de l'endroit où l'on restera confiné, celui de l'organisation pour les familles divorcées, de l'édiction des consignes en matière de télétravail et des premiers ravitaillements, les deux premières semaines de confinement se déroulent sous le signe de la peur – une peur tangible, perceptible dans tous les témoignages récoltés. Malgré un respect strict des consignes données, personne ne se sent à l'abri, ni protégé des risques de contamination dans son foyer. Pour autant, le confinement dans nos environnements familiers peut avoir cela de doux qu'il permet d'évacuer par moments la menace, de continuer à mener un semblant de vie normale, seul, en couple, en compagnie de ses parents ou de ses enfants… jusqu'à ce que l'angoisse se rappelle à nous – « surtout en fin de journée », nous disent plusieurs interviewés. Les propos recueillis pendant cette période trahissent une peur intermittente mais latente, pour soi et ses proches. Ils témoignent de « ces moments d'angoisse » qui ponctuent les longues journées de confinement. Au décompte des personnes entrées en service de réanimation et des décès journaliers égrenés en boucle sur les chaînes d'information en continu fait écho le décompte des jours censés éloigner chacun de la menace. Certains se rassurent : « Lundi prochain, ça fera quinze jours que nous sommes confinés. Si je n'ai pas de symptôme, c'est que je ne suis pas contaminée » ; « Normalement, j'ai lu qu'on déclarait les symptômes au bout de cinq ou sept jours, donc, pour l'instant, tout va bien ».

La peur s'est invitée partout, même chez ceux qui ont mis du temps à réagir ou tout simplement à croire à l'ampleur de cette crise sanitaire. Selon un sondage réalisé du 21 au 23 mars, 81 % des Français ont éprouvé la peur de perdre un proche du fait du virus et 62 % de perdre eux-mêmes la vie en raison de cette épidémie. Cette peur de mourir aura culminé dans le Grand-Est, région la plus touchée (69 %), mais elle aura été également présente de façon spectaculaire en Bretagne (54 %) et en Pays de la Loire (58 %), régions pourtant plutôt préservées. Que dans les territoires les plus épargnés la peur de mourir ait été à ce point répandue nous rapproche effectivement de l'état de guerre.

Ainsi, en quelques semaines, ce qui paraissait lointain est devenu subitement très proche. Ce qui s'apparentait à une « grippette » fragilisant les patients à risque est devenu un virus, véritable « tueur en série », n'agissant pas toujours selon le même mode opératoire, générant une multitude de symptômes et d'aggravations possibles de la maladie. Un virus susceptible de frapper partout, de façon invisible et imprévisible. L'impuissance éprouvée dans un tel contexte n'a fait qu'accroître la peur d'être contaminé ou de contaminer les autres – et surtout la peur de mourir ou de voir mourir ses proches. « Avec mes proches, nous parlons principalement de la présence de potentiels symptômes du virus, en somme de notre santé. C'est le premier sujet à chaque fois », commente Adrien, 20 ans, qui vit près de Montpellier. Cette angoisse est forcément décuplée lorsque certains de ses proches sont contaminés ou lorsque la maladie s'est déclarée à l'intérieur du foyer. L'inquiétude est plus vive aussi chez ceux qui continuent à travailler, « la boule au ventre », à l'extérieur. C'est ainsi que, si l'épidémie a littéralement saturé les écrans et les ondes, nourrissant un bruit de fond permanent et obsédant, elle a également pris possession de la vie quotidienne (voire intime) de nos concitoyens et s'est installée, tel un occupant, au cœur de leurs conversations comme de leurs pensées…

Face à cet ennemi invisible et imprévisible, la tendance générale est au respect des règles en matière de confinement et à l'application des « gestes barrière ». Certains membres de notre communauté d'occasion appliquent même ces gestes de façon quasi obsessionnelle, s'abîmant les mains à force de les laver, nettoyant régulièrement toutes les surfaces exposées, vêtements et chaussures, allant même jusqu'à observer les règles de distanciation sociale à l'intérieur du foyer, etc. « Avec ma femme, nous ne nous embrassons plus », nous dit Arnaud, 38 ans, qui vit à Saint-Denis, en banlieue parisienne. Au-delà du confinement, ce « combat » hygiéniste semble être le seul moyen d'agir à son niveau pour réduire les risques. Isabelle nous raconte qu'elle a « commencé à relaver tout [son] linge : programme rapide 30 degrés avec du vinaigre blanc ajouté à la lessive en poudre. Les manteaux, écharpes… tout y passe. Désinfection de [ses] poignées de porte, téléphone. Tri et nettoyage dans les placards, nettoyage des vitres, portes… ». L'explosion des ventes de produits d'hygiène pour la maison comme les gants de ménage (+ 276 % d'après les données du cabinet IRI), l'eau de Javel (+ 120 %), ou bien encore le savon (+ 93 %), confirme que de très nombreux Français ont adopté les mêmes réflexes qu'Isabelle. Pour les plus inquiets, les courses constituent un moment particulièrement compliqué, voire risqué. Elles n'ont plus le goût de liberté qu'elles avaient souvent au début du confinement, d'où la tendance à les espacer, à recourir à la livraison à domicile et à prendre de grandes précautions.

Nouvelle angoisse, nouvelle vie, nouveaux rituels

C'est bien souvent pour faire face à la peur grandissante, puis à l'ennui, que des stratégies se mettent en place dans l'organisation du quotidien, où le rapport au temps et à l'espace se voit totalement redéfini sous l'effet du confinement. Dans le récit de nombreux confinés, les journées sont ponctuées par de nouveaux rituels, qui ressemblent certes beaucoup aux anciens mais n'ont plus tout à fait la même fonction. Chacun essaie de trouver, dans ces rituels, un moment de plaisir ou de détente pour « essayer de penser à autre chose ». Aux séries regardées, « dévorées », et aux « saisons » qui défilent, s'ajoutent les recettes confectionnées pour l'occasion. Les opérations de tri en tout genre – de livres, de papiers, de photos, de vêtements, d'objets – se multiplient aussi dans ces appartements et ces maisons « javellisés », plus souvent nettoyés que d'ordinaire. « Je me suis découvert une âme de "rangeur" », raconte Jean-Louis, le Parisien de 58 ans. Pour ceux qui jouissent d'un espace extérieur, le jardinage constitue aussi une activité de choix. Selon un sondage Harris Interactive réalisé début avril, 43 % des Français déclaraient faire davantage de jardinage depuis le début du confinement[1]. Le bricolage également a été très pratiqué : on a assisté à une augmentation des achats de plus de 400 % des produits de peinture et de bricolage entre le 16 et le 22 mars (toujours par rapport à la même semaine de l'année précédente), pour le plus grand bonheur de Castorama et autre Brico Dépôt[2]. Les activités sportives susceptibles de se pratiquer à domicile n'ont pas été en reste ; les requêtes telles que « vélo d'appartement », « corde à sauter », « cours de fitness à la maison », « yoga », ou bien encore « tapis de gymnastique », se sont emballées sur Google, avec, par exemple, une multiplication par dix de la requête « cours de zumba » entre le 13 et le 23 mars[3] !

1. « Les Français, le bricolage et le DIY pendant le confinement », Harris-Interactive.fr, 3 avril 2020.

2. « Covid-19 : impact sur le non-alimentaire », IRIworldwide.com, 22 mars 2020.

3. « Ce que les requêtes Google racontent du confinement des Français », LaReclame.fr, 16 avril 2020.

Sans surprise, les activités en ligne et les réseaux sociaux ont pris une grande place dans le quotidien de nos participants : achats sur internet, cours de fitness ou de yoga, jeux à distance avec ses proches, *e-learning*, consommation de films en streaming, notamment sur Netflix, sans compter les challenges lancés sur les réseaux sociaux, les tutoriels ou les vidéos en direct sur YouTube. « YouTube est devenu mon meilleur ami », abonde Emma, 20 ans. Plus de 50 % des Français disent avoir consommé plus de séries télévisées, de jeux vidéo et de films qu'avant le confinement, 42 % disent aussi avoir lu plus de livres[1]. Dans son allocution du 16 mars, Emmanuel Macron s'était adressé en ces termes aux Français : « Donnez des nouvelles, prenez des nouvelles, lisez. Retrouvez aussi ce sens de l'essentiel. Je pense que c'est important dans les moments que nous vivons. La culture, l'éducation, le sens des choses est important. » Nos concitoyens, on le voit, auront diversement interprété la parole présidentielle.

Le confinement a également été l'occasion de passer plus de temps en famille, et il a fallu apprendre à occuper les enfants. Les jeux de société ont, dans ce contexte, été particulièrement sollicités. Durant la première semaine de confinement, la liste des dix « jouets » les plus vendus est composée exclusivement de jeux de société et de puzzles. Comparées à la même semaine en 2019, les ventes de puzzles affichent une croissance de 122 % tandis que les jeux de société enregistrent une hausse de 83 %. Dans le top cinq des ventes, on retrouve de grands classiques : Monopoly, La Bonne Paye, Scrabble, Uno[2]. Mais, si les jeux de société

1. « Consommation des biens culturels dématérialisés en situation de confinement » (première partie), Ifop.com, 8 avril 2020.

2. « La première semaine de confinement propulse les jeux de société et les puzzles au sommet des ventes en France », NPDgroup.fr, 31 mars 2020.

traditionnels, les puzzles ou la lecture ont souvent permis de passer le temps, d'autres pratiques se sont également fortement développées durant le confinement. Les ventes de consoles de jeux vidéo ont ainsi augmenté de 141 % dans les premiers jours. Par ailleurs, selon l'Autorité de régulation des jeux en ligne (Arjel), les plateformes spécialisées dans ce domaine ont enregistré une forte hausse de trafic. Les sites de poker ont notamment été très fréquentés. Cet accroissement spectaculaire s'explique en partie par l'arrêt des compétitions sportives, qui généraient beaucoup de paris avant le confinement, si l'on en croit le président de l'Arjel. Les sommes engrangées par les jeux auraient quant à elles triplé, passant de 5 à 15 millions d'euros[1].

Quant aux séances de sport en ligne, fréquemment pratiquées durant le confinement, elles auront permis à certains de se dédouaner des grignotages intempestifs et des apéros pris seul, en couple, en famille, sur WhatsApp, Zoom, Skype, FaceTime ou Teams, etc. Ils sont plusieurs, en effet, à reconnaître qu'ils auront mangé, bu et fumé un peu plus qu'il ne faudrait… plus en tout cas qu'en temps normal. « Aujourd'hui, j'ai fait de vraies courses, j'en profite pour prendre des produits que j'adore, du fromage, du jambon à la découpe, des crevettes, des noix de Saint-Jacques. Je ne regarde pas forcément le prix, je m'en fous, c'est la seule chose que je peux acheter, la nourriture, c'est mon plaisir […]. Mon alimentation a changé depuis le confinement, je mange par anxiété, sans plaisir, juste pour combler mon angoisse. J'espère me ressaisir assez rapidement, de toute façon la boulangerie à côté de mon

1. « Coronavirus : les dépenses liées aux jeux en ligne auraient triplé en quelques semaines selon le président de l'Arjel », *20 minutes*, 15 avril 2020.

travail a fermé hier par manque de clients. Les pauvres, quelle tristesse ! » nous raconte Gaëlle, 30 ans, secrétaire médicale qui vit à Chamonix.

Plus de tabac et moins d'alcool

Pour quelques-uns, l'épidémie de Covid-19 et le confinement qu'elle a entraîné ont mis à mal les bonnes résolutions de l'année 2020. C'est le cas d'Isabelle, qui nous explique sans détour « avoir très vite repris la cigarette » après la mise en place du confinement : « J'ai craqué, j'étais angoissée et ça me soulage. J'avais besoin de quelque chose, surtout que je suis seule, et je préfère me remettre à fumer que de me mettre à boire ! J'arrêterai plus tard, la situation est assez difficile comme ça. » D'après les buralistes encore ouverts, le panier moyen des fumeurs a fortement augmenté à partir du 17 mars, probablement sous l'effet des limitations imposées aux déplacements (les fumeurs se rendant moins souvent au bureau de tabac, ils y ont acheté leurs cigarettes pour plusieurs jours) mais aussi, parfois, « pour s'épargner le stress supplémentaire du manque ». C'est ainsi qu'en dépit de l'application d'une nouvelle hausse du prix du tabac en France le 1er mars les ventes ont progressé avec le confinement, une augmentation estimée à 30 % par la Confédération des buralistes[1].

Ce chiffre impressionnant, qui pourrait accréditer l'idée d'une explosion de la consommation de tabac liée au stress et à l'enfermement, doit bien sûr être mis en rapport avec la fermeture des frontières, qui aura imposé à de nombreux

1. « Les ventes de tabac ont explosé depuis le début du confinement », *Le Figaro*, 3 avril 2020.

Français habitant à proximité de pays limitrophes, comme la Belgique ou l'Espagne (où le prix du tabac est nettement moins élevé qu'en France), de retrouver le chemin des bureaux de tabac nationaux. Dans ce domaine également, l'épreuve du confinement aura perturbé les habitudes ; elle aura révélé aussi l'ampleur de la consommation de tabac d'importation, phénomène dénoncé de longue date par les buralistes mais objectivé grandeur nature sous l'effet de la fermeture des frontières et de la limitation drastique des déplacements. Il est toutefois à noter que cette hausse sensible de la consommation s'observe également dans les régions les plus éloignées des frontières, où les fumeurs consomment en temps normal peu de cigarettes achetées à l'étranger. La hausse des ventes enregistrées par les buralistes français n'est donc pas uniquement imputable à la fermeture des frontières : l'impact global du confinement sur la consommation de tabac ne semble pas avoir été neutre.

Pour ce qui concerne l'alcool, difficile également de se fixer des limites et de ne pas saisir l'occasion de « se faire plaisir » et de s'autoriser, à l'instar de Cynthia, Nantaise de 34 ans, « un verre au soleil de temps en temps », surtout quand on sait que « demain, de toute façon, on ne travaille pas ». Après plusieurs semaines de confinement, les repères qui structurent habituellement l'écoulement du temps – au premier rang desquels l'alternance entre les jours de la semaine et le week-end – se brouillent. « Pour nous, d'habitude, l'apéro, c'est le week-end, mais là, c'est un peu tous les jours le week-end », admet Sébastien, jeune papa confiné en télétravail. Les occasions sont plus nombreuses, bien sûr, chez ceux qui partagent leur confinement avec un conjoint ou des colocataires ; cependant, pour les personnes seules comme Gaëlle, il a bien fallu se résoudre à faire l'expérience de la consommation solitaire : « Au début, je voulais me détendre, je me gardais un moment le soir pour boire une bière. Ce n'est pas grand-chose mais c'était bizarre de me dire : je suis chez moi, seule, et je bois un verre d'alcool... Je n'avais jamais fait ça de ma vie ! »

Cependant, même si la crise sanitaire a pu bousculer les habitudes de consommation d'alcool, celle-ci n'a pas augmenté, bien au contraire. La France frappée par la crise du Covid-19 s'est révélée profondément différente de celle des années 1918 et 1919, quand sévissait la « grippe espagnole ». Il y a près d'un siècle, il est vrai, certaines rumeurs relayées par les journaux affirmaient que la consommation d'alcool et la « prise de tabac » permettaient de se prémunir de la maladie. Les Français s'étaient alors rués sur le rhum, occasionnant d'importantes pénuries dans les magasins. Or, depuis le début du confinement, le chiffre d'affaires du rayon alcool a plongé (– 16 %[1]), une tendance qui se manifeste de façon plus spectaculaire encore dans le cas des produits réputés « festifs », comme le champagne. Certes, les occasions se multiplient, avec par exemple l'essor des « Skypéros » ou des « apéros WhatsApp », mais impossible dans cette « atmosphère pesante » de faire abstraction de la crise sanitaire. « Pas d'excès, l'esprit n'est pas à la fête en ce moment... », rappelle Nicolas. Et cela d'autant plus que le début de soirée, un moment de la journée traditionnellement privilégié pour l'apéritif, entre désormais en concurrence avec l'annonce « des chiffres du soir » (le nombre de décès et de personnes en réanimation). Pas de quoi se réjouir.

1. « Sobriété et confinement », Nielsen.com, 7 avril 2020.

« Mes dimanches me manquent »

D'après les témoignages recueillis, après un peu plus de trois semaines de confinement, une certaine routine semble s'être installée. En semaine, les réveils continuent pour la plupart de sonner tôt le matin, marquant le début d'une journée dont tous savent pourtant qu'elle ressemblera aux précédentes. Faire un rapide effort pour se rappeler avec précision quel jour on est, compter les jours sans pouvoir se projeter : le brouillage des repères temporels poursuit son installation – surtout chez ceux qui ne travaillent pas ou plus. « Vendredi dernier, quelqu'un m'a souhaité bon week-end, cela a résonné dans ma tête, raconte Justine, 30 ans, qui vit à Pessac. J'avais complètement oublié que, demain, c'était déjà le week-end. Mon jour préféré de la semaine a toujours été le dimanche. J'aime beaucoup le dimanche, parce que c'est le jour où je fais énormément de choses, je vais à gauche, à droite, je reviens, je repars… Mes journées de dimanche commencent à me manquer terriblement. » Passé la sidération des premiers jours, les téléphones se font aussi plus silencieux, les notifications de message moins nombreuses. Les contacts avec l'extérieur perdurent mais n'ont plus la frénésie des débuts – et ils se concentrent sur les proches.

En même temps que la routine s'installe, une sorte de lassitude s'observe, renforcée par l'impossibilité de se fixer un cap, tant, à ce stade, la sortie du confinement semble incertaine et lointaine. « J'ai entendu que la crise avait démarré en Chine en septembre. Et on l'a appris en janvier… Ça vient à peine de démarrer chez nous. Quelque chose me dit qu'on en a vraiment pour un moment… », redoute

Nicolas. Il y a ceux qui se livrent facilement sur leur baisse de moral ou leur démotivation, sur leur forte perméabilité à la météo, sur leur façon de faire moins attention à eux, « traînant plusieurs jours en sweet et caleçon ». « Je ne me suis pas douché hier, je pue, mais ça sent quand même la javel dans toute la maison », ironise Arnaud. Pour certains, le manque d'interactions sociales et l'éloignement des proches commencent à se faire cruellement sentir. Il y a aussi ceux, pourtant peu enclins « aux coups de mou », dont les nuits hachées ne leur permettent pas de récupérer, les laissant empreints d'une fatigue qu'ils savent (parce qu'ils l'ont lu) être sans doute d'origine psychique. « La nuit a été difficile. Je rumine et je commence à ressentir la difficulté du confinement, le rythme, l'école à la maison… Je commence à tourner en rond, je prends sur moi mais je sens que je suis à cran », raconte Cynthia. Enfin, d'autres se montrent plus taiseux au fur et à mesure que les jours passent, leurs récits se faisant de plus en plus brefs, comme si les journées ne valaient plus la peine d'être racontées, sachant que tout cela va encore durer, durer…

Chacun se fixe alors ses propres règles pour ne pas se laisser absorber par ce temps distendu ou par la torpeur qui menace. « Aujourd'hui, je me suis bien préparée, bien maquillée, bien coiffée, comme si je devais aller au travail. Je n'accepte pas de rester chez moi en pyjama, triste, devant la télé », raconte Justine, quand Valérie, l'assistante maternelle qui habite en Moselle, essaie, elle, de « reproduire » sa semaine « d'avant » : « Dans mes activités, j'essaie comme d'habitude de faire les mêmes choses le même jour, pour savoir à peu près quel jour on est, comme le grand ménage le mercredi, lavage du linge blanc le vendredi… »

« Nous sommes en pause dans une bulle plus ou moins douillette »

Dans la France confinée d'avril 2020, le soleil frappe en même temps qu'il accentue les inégalités. Il y a d'un côté tous les « chanceux », avec balcon, terrasse ou jardin, ceux qui profitent pleinement des rayons printaniers mettant « du baume au cœur » et apaisant les « tensions ». Les shorts, tee-shirts et autres maillots de bain sont alors de sortie. Les barbecues crépitent. Paradoxe de ces temps inédits, ceux qui bénéficient d'un espace extérieur n'ont parfois « jamais passé autant de temps dehors » que pendant le confinement. Le soleil autorise une parenthèse, un vague sentiment de légèreté, comme s'il mettait à distance la menace, comme s'il atténuait pour un instant la peur. Le tableau n'est évidemment pas le même dans les appartements confinés, quand les fenêtres donnent directement sur la rue. « Il y avait un soleil magnifique aujourd'hui, c'est une vraie torture », confie Nicolas, le Parisien de 23 ans. La balade quotidienne est alors souvent très attendue, programmée, réfléchie… quand elle n'est pas répétée plusieurs fois dans la journée. Certains reconnaissent relâcher peu à peu les règles de confinement initialement fixées. Ils s'arrogent ce droit, « ce petit plaisir », convaincus de ne prendre aucun risque, surtout quand leurs voisins se « relâchent encore plus ». De leurs fenêtres, d'ailleurs, ils sont nombreux à remarquer qu'il y a plus de monde dans les rues, plus de gens « qui ne respectent pas les bonnes distances », qui se « retrouvent entre amis ».

Après quelques semaines, une autre forme de relâchement, psychologique cette fois, s'observe à travers certains témoignages recueillis. La peur, omniprésente, envahissante au début du confinement, ne s'exprime plus avec la même vivacité selon les situations. Dans certains foyers, elle semble s'être vraiment atténuée. Le fait de résider dans une région peu touchée, de ne pas être obligé de sortir pour travailler ou d'avoir reçu des nouvelles rassurantes de ses proches permet, en quelque sorte, de la mettre à distance. Dans le flot d'informations quotidien, les lueurs d'espoir retiennent d'ailleurs davantage l'attention que le décompte effrayant des morts du Covid-19. Et même si le « pic » n'est pas encore là, on veut croire aux effets du confinement. « Les nouvelles de la situation sanitaire sont parsemées de lueurs d'espoir, les chiffres commencent à légèrement diminuer », commente Maryvonne, 70 ans, qui vit à Théhillac, en Bretagne. Manière aussi de se convaincre de l'efficacité des efforts fournis, de donner du sens à nos vies confinées. Car, si la peur s'atténue, c'est bien parce que l'on vit cloîtré, dans le sentiment de limiter les risques auxquels on s'expose, fruit du repli sur sa « bulle », son « abri ». La peur demeure, en revanche, très présente chez ceux qui s'exposent quotidiennement par leur travail à l'extérieur. Elle est tonitruante chez ceux dont les proches sont touchés : ils redoutent alors dans l'angoisse de l'aggravation de l'épidémie, un deuil impossible à faire. Et quand certains symptômes apparaissent un matin…

Se souviendra-t-on du 11 mai ?

À C + 27[1], le 13 avril à 20 h 02, après les applaudissements rituels à l'intention des soignants, le président de la République prend la parole. La prolongation du confinement

1. 27e jour après le déclenchement du confinement.

qu'il annonce ce soir-là n'est une surprise pour personne, mais l'horizon fixé au 11 mai pour amorcer un déconfinement progressif marque les esprits. Ceux qui s'étaient habitués aux prolongations de quinze jours accusent le coup devant le délai d'un mois supplémentaire, redoutant de « craquer » tant la lassitude est grande. Mais, pour la plupart, cette date sonne de prime abord comme une bonne nouvelle. Elle redonne une perspective, dans un quotidien qui en manque cruellement. Tous ont noté la différence de ton d'Emmanuel Macron, apparu plus « humble », « proche » et « rassurant ». « Nous n'étions plus en guerre, souligne Sabrina, archéologue vivant à Troyes, dans l'Aube. Ce n'est pas le chef de guerre qui s'est adressé aux Français mais plutôt le chef de famille. »

Pourtant, mi-avril, la perspective du 11 mai, avec toutes les zones d'ombre qu'elle comporte encore, ne permet pas de rompre la monotonie du confinement. La lassitude est forte et les témoignages nombreux sur ces journées « peu productives », « peu efficaces », où il faut « se motiver » pour faire les choses, sans que l'on sache toujours très bien à quel dessein ce regain de motivation doit servir : éternelle culpabilité liée à l'inactivité ? Malgré les nombreux échanges virtuels, les contacts physiques avec les proches manquent de plus en plus, surtout lorsqu'on est confiné, seul, loin de sa famille. « Triste dimanche de Pâques, seule ! Je suis allée chercher mon pain ce matin et un petit gâteau au chocolat pour me remonter le moral ! Et j'ai ouvert une bonne bouteille de bordeaux », raconte Marie-Christine, retraitée qui vit à Arveyres, en Gironde. Les plus jeunes s'inquiètent fortement de la date de réouverture des bars, restaurants et autres lieux de sortie reportée, quand les plus âgés redoutent de ne pas pouvoir voir leurs petits-enfants avant la fin de l'année. À ce tableau peu enthousiasmant s'ajoute une sensation d'enfermement. On ose à peine l'évoquer lorsqu'on a la chance d'avoir un jardin ou un espace extérieur, et pourtant l'envie de pousser les murs, de sortir de sa zone de confinement est forte. «J'ai envie de liberté, de crier, de prendre ma voiture et de rouler, rouler… sans destination particulière. J'étouffe, je manque d'air», dit Isabelle, qui rêve d'être au 11 mai.

Cet d'état d'esprit et ce besoin de rouler pour s'extérioriser semblent partagés par de nombreux Français, les forces de l'ordre observant, de leur côté, de nombreux grands excès de vitesse. La sensation d'enfermement va souvent de pair aussi avec la perte de plaisir à faire les choses. Dans cette nouvelle routine qui s'est installée, passé le temps des découvertes (apéros WhatsApp, cours de sport en ligne, etc.), des rendez-vous télévisuels et des séries très attendus, passé le plaisir des pains, des pizzas, des yaourts et des brioches faits maison avec fierté, on commence à trouver le temps long, «on ne sait plus quoi faire». «Après *La Casa de papel*, on passe au *Bureau des légendes*, et après…» Certains s'accrochent encore à ces moments de détente, mais d'autres ont tout simplement du mal «à lire», «à regarder la télé», «à cuisiner» et «à se bouger». Ceux qui continuent à multiplier les recettes et les séances de sport reconnaissent parfois à demi-mot qu'il y a une forme d'obsession, d'exutoire à se comporter comme ils le font. D'autres arrivent encore à se fixer des objectifs personnels, tels que la lecture de certains classiques ou la réalisation de puzzles difficiles, mais beaucoup, à l'instar de Stéphane, chef de service à Villeurbanne, reconnaissent qu'en attendant le 11 mai «cela commence sérieusement à taper sur le système d'être enfermé, de ne pas sortir et surtout de ne plus voir de monde…».

À C + 40, la lassitude gagne encore du terrain. Fatigue, apathie, angoisses nocturnes, perte d'appétit, montée de stress : près d'un mois et demi depuis le début du confinement, les signes d'un épuisement psychologique commencent à se faire sentir. « Je me sens fatiguée et sans envie. Je ne sors pas trop de ma chambre, le confinement commence à être lourd », commence Anaïs, étudiante confinée à Grigny. « Je n'ai même pas faim tellement je suis amorphe… », ajoute Chédia, Parisienne de 63 ans. « Je sens un ras-le-bol qui commence à prendre le dessus. Un grand besoin de changer d'air, de sortir, de vivre », conclut Khaled, directeur d'agence dans la grande distribution à Roubaix, lui qui se faisait plutôt bien au confinement dans les premiers temps. Au-delà de la lassitude, les déceptions s'accumulent devant tous ces projets reportés ou annulés : mariage, vacances, déménagement, fêtes de famille, etc. De projets, d'ailleurs, beaucoup n'osent plus en faire. En cette fin avril, l'incertitude est grande et la tension monte. L'horizon du 11 mai n'apparaît plus comme un objectif clair auquel se rattacher pour tenir et anticiper la suite. Le terme « progressif » résonne comme un leitmotiv peu enthousiasmant. Il entretient un flou, de plus en plus difficile à supporter. D'après un sondage réalisé les 21 et 22 avril, 37 % des Français déclarent mal vivre le fait d'être confinés à leur domicile : soit une augmentation de 9 points en deux semaines.

L'acceptation du confinement reposait en grande partie sur la perspective d'une sortie de crise nette, précise et définitive – « une libération sans condition ». Mais dans cette crise, décidément, il n'y a rien de net ni de précis. Après s'être imaginé qu'une fois le « pic » de l'épidémie atteint une décrue significative et victorieuse s'amorcerait, nos participants ont bien dû se rendre à l'évidence : le « pic » s'est transformé en « plateau », et l'espoir a rapidement baissé pavillon.

Le déconfinement tel qu'il se dessine fin avril 2020 annonce par ailleurs, lui aussi, son lot de déconvenues et de rebondissements. Certains se veulent pourtant résolument optimistes, attendant avec impatience de retourner travailler, de revoir leurs enfants et petits-enfants, de reprendre un semblant de vie normale. D'autres rappellent l'urgence de sortir d'un confinement qui risque « de tuer plus de personnes que le "corona" ». « Si on continue comme ça, attendons-nous à remplir les hôpitaux psychiatriques », s'inquiète Claudie, retraitée à Saturargues, dans l'Hérault. Ils sont plusieurs, comme elle, à vouloir prendre le risque de s'exposer davantage pour retrouver leur liberté d'action et de choix. Nathalie, qui pensait justement profiter de son départ à la retraite, n'hésite pas à dire, à propos du virus, que « si [elle] devai[t] l'attraper, [clle] l'attraperai[t], parce que la liberté n'a pas de prix ! ».

Mais, pour beaucoup, l'inquiétude continue de l'emporter. « L'annonce du déconfinement n'a rien de rassurant. On a un peu l'impression de se jeter dans la fosse aux lions. Le pays est toujours touché et même plus encore par le coronavirus. Il n'existe toujours aucun traitement reconnu ni vaccin », rappelle Khaled, le 26 avril. La crainte d'un reconfinement si l'épidémie venait à repartir est alors terriblement présente. Et si on en arrivait là, il faudrait alors redoubler de patience et d'abnégation. Or, à l'approche du 11 mai, et en l'état actuel des forces, cela paraît insurmontable.

2. Ma *casa* va craquer : l'impact du confinement sur les tensions conjugales ou intrafamiliales

« Dans cette guerre un peu spéciale où l'on vit dans un huis clos émotionnel, les bombes sont dans la maison », avançait la psychiatre Aurélia Schneider dans un article du *Monde* consacré à l'impact du confinement sur les inégalités dans le couple[1]. Promiscuité, surcharge d'activités ménagères, sorties très limitées, difficulté à travailler, nécessité de s'occuper des enfants toute la journée… Très logiquement, les changements de rythmes de vie et les situations inédites imposées par le huis clos ont favorisé l'exacerbation des frictions au sein des foyers et, dans les cas les plus graves, un accroissement des violences conjugales. Du 16 mars au 11 mai, plusieurs enquêtes ou statistiques ont ainsi mis en lumière les effets néfastes du confinement sur les tensions conjugales ou intrafamiliales, conduisant le gouvernement à mettre en place des mesures spécifiques.

La répartition des tâches ménagères, une source de tensions conjugales plus forte en milieu confiné…

Dans un contexte de forte promiscuité empêchant notamment les hommes de se dérober, les tâches ménagères apparaissent comme une source de conflit plus fréquente qu'à l'accoutumée. Dans les premiers jours du confinement (C + 6), près d'un Français sur deux (49 %) rapporte des

1. « Confinement et tâches domestiques : "Une augmentation des inégalités dans le couple est à craindre" », *Le Monde*, 25 mars 2020.

disputes conjugales sur ce point[1], soit une proportion assez proche qu'à la même période de l'année en 2019 (44 % en avril 2019)[2]. Ces tensions vont ensuite s'intensifier tout au long du huis clos si l'on en croit les données d'une étude menée six semaines après l'instauration du confinement (C + 42), qui révèlent leur augmentation spectaculaire : 64 % des personnes confinées en couple admettaient alors s'être disputées avec leur conjoint à ce sujet, soit 15 points de plus qu'à la fin de la première semaine de confinement[3].

Un classement dégressif des sujets de tensions au sein des couples confinés, fruit de la même enquête, montre que « la répartition des tâches de la vie quotidienne » est le sujet le plus conflictuel (55 %), loin devant les problèmes d'argent (40 %) ou de sexualité (37 %). À titre de comparaison, les problèmes liés au « travail » (35 %), aux « relations avec les amis » (34 %) ou les sorties (32 %) constituent des sources de conflit très secondaires, tout comme la politique ou la religion (22 %).

Ce regain de tensions ne s'inscrit pas du tout dans un contexte d'équité en matière de répartition des tâches domestiques. Au contraire, il est important de rappeler que, dans la France confinée de 2020, la division sexuelle du travail domestique demeure très inégalitaire : le partage des rôles entre hommes et femmes présente les mêmes traits inégalitaires qu'une trentaine d'années auparavant.

1. Étude Ifop pour Consolab réalisée en ligne du 21 au 23 mars 2020, auprès d'un échantillon national représentatif de 3 011 personnes.

2. Étude Ifop pour Consolab réalisée en ligne du 11 au 15 avril 2019, auprès d'un échantillon représentatif de la population féminine nationale de 1 000 femmes.

3. Étude Ifop réalisée en ligne du 24 au 27 avril 2020, auprès d'un échantillon national représentatif de 3 045 personnes.

Une étude de l'Insee analysant l'évolution du temps consacré au ménage et aux enfants (l'enquête « Emploi du temps » de 2010-2011) avait déjà révélé que les choses n'évoluaient que très lentement. En 2011, les femmes effectuaient toujours l'essentiel des tâches domestiques – 64 % du temps quotidien consacré à ce type de tâche est pris en charge par la gent féminine, contre 69 % vingt-cinq ans plus tôt – et des activités parentales : 71 %, contre 80 % il y a vingt-cinq ans. Au total, la part du temps dévolue au travail domestique et parental pris en charge par les femmes avait donc peu diminué, passant de 71 % en 1986 à 66 % en 2011. Et encore cet indicateur synthétique ne prend-il pas en compte le poids de la fameuse « charge mentale », c'est-à-dire le temps consacré à organiser tout ce qui s'inscrit dans la sphère domestique et qui est, par nature, très difficilement quantifiable.

Produit historique d'une domination masculine reléguant la « femme » à la sphère domestique, l'acceptation de la division traditionnelle des tâches ménagères par les femmes est le fruit à la fois d'une socialisation de genre qui favorise l'intériorisation par elles de leur assignation au foyer et d'un processus de répartition des tâches qui s'effectue en fonction des différences de compétence et de disponibilité des conjoints. Or, en assignant au foyer les hommes autant que les femmes, le confinement a créé les conditions favorables à une remise en cause de ce « privilège de genre » – l'inégale répartition du travail ménager.

Plusieurs changements liés à l'imposition du huis clos ont effectivement contribué à une plus forte contestation de cette inégale répartition. D'abord, le confinement ne permet plus à certains hommes d'échapper aux charges domestiques en se prévalant d'une indisponibilité liée à l'exercice d'une activité plus chronophage, mieux rémunérée ou plus légitime. Le témoignage d'une mère de famille rapporté par *20 minutes* s'avère fort éloquent à ce propos : « Le confinement marque la fin d'un mensonge entre moi et moi-même. Avant, je me persuadais que, s'il ne faisait rien à la maison, c'était parce que le boulot le fatiguait ou qu'il était rarement là. Maintenant qu'il est au chômage technique et qu'il n'en fait pas une, la vérité m'éclate à la tronche[1]. » Ainsi, le confinement ruine le fondement d'une des principales excuses avancées par les hommes : l'absence de disponibilité d'un conjoint qui pouvait se targuer de tirer un meilleur profit de son temps de travail rémunéré, ou encore de déplacements liés au foyer (entretien de la voiture, transport des enfants, etc.).

Le huis clos s'est par ailleurs traduit par une surcharge globale de travail domestique, qui a rendu cette inégale répartition moins acceptable qu'à l'accoutumée. En effet, la fréquence plus élevée de certaines activités – comme la préparation des repas – et l'augmentation générale du nombre de personnes par foyer ont rendu la charge d'autant plus lourde à supporter qu'il fallait en plus effectuer les tâches ménagères le plus souvent externalisées (par exemple *via* le recours à une femme de ménage ou à la garde d'enfants).

Enfin, l'augmentation du temps à consacrer aux enfants (activités de soins, aide aux devoirs, loisirs, etc.) après la fermeture des écoles a joué également un rôle dans la mesure où, le travail éducatif et l'accompagnement scolaire revenant le plus souvent aux mères, celles-ci n'étaient plus en mesure

1. Cité par « Coronavirus : comment le confinement accroît la charge mentale des femmes », *20 minutes*, 8 avril 2020.

d'effectuer toutes les tâches domestiques qu'elles prenaient habituellement en charge...

... pouvant parfois déboucher sur une augmentation des violences conjugales

Cette perturbation des rôles dans la division sexuelle du travail domestique n'est évidemment pas sans conséquence sur les violences conjugales. Une étude menée dès les premiers jours du confinement (C + 6) a ainsi montré que, parmi les femmes vivant en couple, le taux de victimes de violences conjugales à caractère verbal (injures par exemple) était fortement corrélé à la fréquence des disputes conjugales : d'à peine 1 % chez les femmes ne s'étant pas disputées avec leur conjoint, il s'élève à 5 % chez les Françaises s'étant parfois disputées à ce sujet, pour monter jusqu'à 30 % chez celles s'étant régulièrement (« tout le temps » ou « souvent ») disputées depuis l'instauration du confinement.

De même, le taux de victimes de violences conjugales à caractère physique est beaucoup moins fort chez les femmes s'étant parfois disputées sur ce point (2 %) que dans les rangs de celles s'étant régulièrement disputées (15 %) depuis la mise en place du confinement.

Comme de nombreux pays appliquant cette mesure pour lutter contre l'épidémie de nouveau coronavirus, la France a fait face à une recrudescence des signalements de violences domestiques. Durant la première semaine de confinement, les signalements pour des faits de violence familiale et conjugale ont ainsi augmenté de 32 % en « zone gendarmerie » (+ 36 % dans la zone de la préfecture de police de Paris), selon le ministre de l'Intérieur. Pour mars-avril, la comparaison des dispositifs d'alerte et d'écoute[1] met aussi en évidence une explosion des sollicitations par rapport à la même période de 2019.

Encore faut-il savoir que les affaires signalées ou soumises à l'attention des forces de l'ordre ne reflètent que la partie émergée de l'iceberg de l'ensemble des violences faites aux femmes. Afin de compléter les données administratives des services de police et de gendarmerie, l'Ifop a donc mené une grande enquête auprès de 3 000 Français (dont 944 femmes confinées avec leur conjoint), six semaines après l'instauration du confinement (C + 42)[2]. Il en ressort que plus d'une femme confinée avec son conjoint sur dix (11 %) a été victime de violences conjugales. Ce chiffre global masque toutefois un écart important entre les femmes ayant fait l'objet d'insultes ou d'injures de la part de leur conjoint (10 %, soit l'écrasante majorité) et celles qui ont rapporté des agressions physiques (4 % des femmes confinées en couple déclarant que leur conjoint a exercé sur elles sa force physique sans donner de coups et 2 % qu'elles ont subi des coups ou des violences physiques). Si ce taux de victimes de violences physiques peut paraître en soi limité, il est en réalité largement supérieur sur une période d'un mois et demi seulement à ce que l'Insee observe sur douze mois, l'enquête de victimation donnant une moyenne annuelle de 0,7 % parmi les femmes âgées de 18 à 75 ans qui vivent en ménage[3]. Certes, en raison des différences de méthodo-

1. En prenant en compte le nombre d'appels reçus sur la ligne téléphonique 3919, de textos envoyés au 114 et de messages adressés *via* la Plateforme violences sexuelles et sexistes.

2. Étude Ifop réalisée en ligne du 24 au 27 avril 2020, auprès d'un échantillon national représentatif de 3 045 personnes.

3. Enquêtes « Cadre de vie et sécurité », 2012-2018.

logies entre les deux enquêtes, il serait hasardeux d'affirmer que l'on constate en six semaines de confinement un taux de violence physique trois fois plus important que celui qui est habituellement enregistré en une année complète. Au regard des écarts observés, on peut toutefois avancer que le phénomène des violences conjugales a nettement augmenté durant cette période, constat allant dans le même sens que la hausse significative des signalements effectués.

L'analyse détaillée des réponses met par ailleurs en lumière le poids de certaines variables « lourdes » en matière d'exposition aux violences conjugales. D'une part, un « effet âge » : les femmes les plus jeunes sont celles qui rapportent le plus de violences physiques, et cela dans une proportion quasiment deux fois supérieure à ce que subissent les femmes de plus de 35 ans. Cette surexposition des jeunes femmes tient sans doute aux conditions plus précaires dans lesquelles elles vivent – conditions susceptibles de les mettre en situation de plus grande dépendance à l'égard de leur conjoint – et, plus largement, à une plus grande « vulnérabilité liée au manque d'expérience et d'assurance du début de l'âge adulte[1] ».

Par ailleurs, un effet « social » se doit d'être signalé : même si la violence conjugale n'est pas réservée à tel groupe social en particulier, force est de constater que la proportion de victimes durant le confinement est plus élevée chez les femmes ayant un niveau de revenu par individu inférieur à 800 euros nets par mois, et surtout chez celles dont le revenu est beaucoup moins élevé que celui de leur conjoint.

1. Elizabeth Brown et Florence Maillochon, « Espaces de vie et violences envers les femmes », *Espace, populations, sociétés*, n° 3, 2003, p. 314.

3. Mains propres, slips sales ? Les tendances divergentes des comportements des Français confinés en matière d'hygiène

Alors qu'elle a été longtemps traitée à la légère, la question de l'hygiène corporelle a quitté, à l'occasion de cette crise sanitaire, l'univers de « l'intime » pour devenir un enjeu de santé publique au cœur des discours des autorités publiques et sanitaires. Dans un pays parfois perçu comme surexposé à la transmission virale sous l'effet des habitudes de sa population en matière de salutation (« bises », serrage de main...), d'hygiène corporelle ou d'irrespect des consignes collectives, les messages appelant à l'application des « gestes barrière » et autres règles de distanciation sociale ont été martelés pendant des semaines, imposant l'idée selon laquelle le respect de l'hygiène serait le facteur de résilience déterminant dans la « guerre » que la nation menait contre la dissémination du virus.

En comparant les données d'études menées avant et après le déclenchement de l'épidémie, l'Ifop a pu observer plusieurs changements radicaux dans certaines pratiques (le lavage des mains, les contacts physiques, etc.) alors même que celles-ci manifestaient une très grande permanence liée à leur profond ancrage culturel. Aussi évidents soient-ils, ces changements ne doivent pas pour autant donner l'impression que la crise épidémique a fait progresser dans le même sens tous les comportements liés à l'hygiène. En effet, d'autres données révèlent que le repli social lié au confinement s'est accompagné – notamment chez les personnes isolées – d'une dégradation relative de l'hygiène corporelle et vestimentaire, confirmant l'hypothèse selon laquelle la gestion du niveau de propreté de chacun reste déterminée par la prise en compte du regard d'autrui sur son apparence.

Une adoption à la fois massive et tardive des « gestes barrière »

À partir de l'apparition des premiers cas de Covid-19 en France, fin janvier, les autorités sanitaires ont décidé de sensibiliser la population vis-à-vis de la transmission manuportée et cutanée du virus, en insistant sur l'importance de l'hygiène corporelle pour se protéger au quotidien. À travers l'ensemble des supports de communication existants, les Français ont alors été massivement exposés à des campagnes de promotion des mesures d'hygiène et des gestes de prévention par rapport à la transmission de ce virus respiratoire : incitation à se laver les mains plusieurs fois au cours de la journée, à porter un masque en cas d'infection respiratoire, à se couvrir la bouche en cas de toux ou d'éternuements. L'Ifop a observé l'impact de ces campagnes durant les différentes phases de la crise *via* des études s'appuyant toujours sur le même protocole méthodologique. Or, à la lecture des résultats de ces sondages, il est évident que l'adoption des « gestes barrière » et des règles de distanciation sociale a été aussi massive… que tardive.

Des Français loin d'être à la pointe en matière d'hygiène des mains, et qui n'ont réellement modifié leurs habitudes que quelques jours avant le début du confinement

Pour apprécier l'ampleur de ces changements, il est d'abord important de rappeler qu'avant le déclenchement de l'épidémie la France était loin d'être le pays où la conscience de l'importance de l'hygiène des mains pour se protéger des maladies infectieuses était la mieux partagée… Dans une enquête internationale menée en 2015 par WIN/Gallup International, notre pays se positionnait alors au cinquantième rang mondial (sur soixante-trois pays) en matière de fréquence de lavage des mains après un passage aux toilettes. Aussi imparfait soit-il, cet indicateur situait la France nettement en retrait par rapport aux standards de propreté observés dans les pays du nord de l'Europe. En effet, seuls 62 % des Français affirmaient que se « laver les mains avec du savon après être allé aux toilettes est quelque chose [qu'ils faisaient] automatiquement », soit un taux nettement inférieur à ceux observés chez leurs voisins scandinaves (78 % en Islande et en Suède, 76 % en Finlande), germaniques (78 % en Allemagne, 73 % en Suisse, 65 % en Autriche) ou anglo-saxons (75 % au Royaume-Uni, 74 % en Irlande). Les réponses des Français se situaient, en revanche, à un niveau assez proche de celles observées dans d'autres pays latins comme l'Espagne (61 %) ou l'Italie (57 %).

Publiée en février 2020, une autre étude, menée pour Diogène France, a confirmé qu'avant l'éclatement de la crise du coronavirus une grande partie de la population française restait hermétique à certains messages pourtant martelés depuis des années par les autorités sanitaires. Reprenant les indicateurs testés par Santé Publique France, cette étude indiquait en effet que, début février, à peine plus de deux Français sur trois se lavaient les mains systématiquement après être allés aux toilettes (71 %) ou avant de faire la cuisine (67 %), environ la moitié « avant de passer à table » (49 %), un gros tiers « après avoir pris les transports en commun » (37 %) et un quart « après s'être mouché » (25 %). Dans le contexte à haut risque du coronavirus, ce faible respect des règles de base en matière d'hygiène des mains a sans doute constitué un facteur aggravant dans un pays déjà surexposé par sa « culture du contact » : les rites de salutation dominant en France impliquent des contacts physiques réguliers avec autrui, à la différence de ce qu'il en est dans d'autres régions du monde, comme en Asie, où l'on s'incline en joignant ses mains, ou dans les pays arabo-musulmans, où les hommes posent leur main droite sur le cœur. Le peu d'empressement avec lequel la population a adopté les « gestes barrière » et ces règles de distanciation sociale a donc indéniablement constitué un facteur clé dans la propagation du virus… et l'accélération de la prise de décision quant à la mise en place du confinement.

En analysant plus finement les résultats obtenus par les différentes études disponibles, on observe en effet que les Français ont mis trois à quatre semaines pour changer leurs habitudes en matière d'hygiène et de salutation. C'est ainsi qu'un sondage réalisé le 5 mars montre qu'en dépit des messages de prévention sanitaire martelés depuis des semaines les mauvaises habitudes hygiéniques de nos concitoyens étaient restées très similaires à ce qu'elles étaient avant la crise. Au 5 mars, les Français appliquaient à peine plus que fin janvier les bons gestes de prévention : ils étaient alors seulement 72 % à se laver systématiquement les mains après être allés aux toilettes (+ 1 point par rapport au 31 janvier), 54 % avant de passer à table (+ 5 points), et 47 % après avoir pris les transports (+ 2 points). De même, seul un quart des Français déclaraient se laver les mains systématiquement après s'être mouchés (25 %, soit autant qu'au 31 janvier), et 42 % à penser à se couvrir la bouche avec un bras ou un mouchoir lorsqu'ils toussaient ou éternuaient (ou à cracher dans un mouchoir à usage unique). De la même façon, les recommandations en matière de contacts physiques étaient loin d'être respectées : un quart des sondés déclaraient ne pas serrer la main aux inconnus pour se présenter (25 %), et seulement 9 % ne faisaient pas la bise à leurs proches. En matière de civilité, la proportion de Français qui s'exposaient à des risques de contamination en continuant par exemple à serrer la main pour se présenter ou saluer quelqu'un était très forte : 75 % se livraient à cette pratique traditionnelle avec des inconnus, et 85 % avec des proches. De même, 91 % d'entre eux continuaient à faire la bise à leurs proches, et 31 % de manière systématique.

Alimentant l'image des « Gaulois réfractaires » à l'idée d'appliquer les « gestes barrière », ces résultats ont sans doute contribué – avec d'autres données naturellement – à faire évoluer la réflexion des pouvoirs publics sur la stratégie à adopter face à l'épidémie. La résistance des Français vis-à-vis de l'application des consignes sanitaires ne semble en tout cas avoir cédé qu'après les annonces sur la fermeture des écoles et des restaurants, les 12 et 14 mars, si l'on en juge par les résultats d'une étude menée le jour du premier tour des élections municipales (15 mars). En effet, alors que les mesures d'hygiène et de distanciation sociale étaient loin d'être partagées par tous, on observe le 15 mars un ajustement brutal et massif dans l'attitude des Français, signe que la population a enfin pris la mesure de la crise et a majoritairement changé ses habitudes : une enquête réalisée quelques jours après la mise en place du confinement (21-23 mars) confirmera l'adoption massive des pratiques hygiéniques recommandées par les autorités pour limiter la transmission de l'infection.

Évolution de la proportion de personnes effectuant systématiquement les « gestes barrière » (en %)

	31 janvier[1]	5 mars[2]	15 mars[3]	21-23 mars[4]
Vous vous lavez les mains avant de passer à table.	49	54	68	81
Vous vous lavez les mains après être allé aux toilettes.	71	72	81	–
Vous vous lavez les mains après avoir pris les transports en commun.	45	47	70	–
Vous vous couvrez la bouche avec un bras/un mouchoir quand vous toussez ou éternuez.	–	42	56	69
Vous toussez, éternuez ou crachez dans des mouchoirs à usage unique.	–	42	55	63
Vous vous lavez les mains après vous être mouché.	25	25	43	56
Vous vous lavez les mains après avoir touché des produits venant de l'extérieur de votre domicile.	–	–	–	74

1. Étude Ifop pour Diogène France réalisée du 31 janvier au 3 février 2020, auprès d'un échantillon national représentatif de 2 005 personnes.

2. Enquête Ifop pour Charles.co réalisée le 5 mars 2020, auprès d'un échantillon national représentatif de 1 008 personnes.

3. Enquête Ifop pour *L'Express* réalisée le 15 mars 2020, auprès d'un échantillon national représentatif de 2 811 personnes.

4. Enquête Ifop pour Depanneo réalisée du 21 au 23 mars 2020, auprès d'un échantillon national représentatif de 3 011 personnes.

De même, c'est seulement après la mise en place du confinement que l'Ifop constatera un changement radical des comportements des Français en matière de civilité et de distanciation sociale. Six jours après l'application de cette mesure, ils sont alors 71 % à déclarer parvenir à « maintenir une distance de sécurité d'un mètre avec tous les individus » qu'ils approchent en dehors de leur domicile.

Évolution de la proportion de personnes qui parviennent systématiquement à… (en %)

	5 mars[1]	21-23 mars[2]
… ne pas faire la bise aux inconnus pour se présenter ou les saluer.	60	95
… ne pas serrer la main aux inconnus pour se présenter ou les saluer.	25	95
… conserver une distance minimale avec des personnes leur paraissant malades.	18	91
… ne pas serrer la main aux personnes qu'ils connaissent.	15	90
… ne pas faire la bise aux personnes qu'ils connaissent.	9	86
… maintenir une distance de sécurité d'un mètre avec tous les individus qu'ils approchent en dehors du domicile.	–	71
… porter un masque de protection en dehors du domicile.	2	9

In fine, les comportements en matière de prévention et de distanciation ont très peu évolué jusqu'à la dernière semaine

1. Enquête Ifop pour Charles.co réalisée le 5 mars 2020, auprès d'un échantillon national représentatif de 1 008 personnes.
2. Enquête Ifop pour Depanneo réalisée du 21 au 23 mars 2020, auprès d'un échantillon national représentatif de 3 011 personnes.

ayant précédé la mise en place du confinement. Et c'est seulement sous l'effet de la prise de conscience du danger (pour eux-mêmes et leurs proches) que les Français ont véritablement changé leurs pratiques jusque-là très ancrées dans leur habitus culturel.

Un relâchement de l'hygiène corporelle et vestimentaire

Si la crise du coronavirus est à l'origine de grands progrès dans le respect des « gestes barrière », la mise en place du confinement ne s'est pas traduite pour autant par une amélioration générale de l'hygiène des Français. Au contraire, une étude menée pour 24matins.fr révèle que le repli social provoqué par cette mesure s'est accompagné, chez nombre de Français, d'une moindre attention portée à l'hygiène corporelle et vestimentaire, phénomène accompagnant une chute de l'estime de soi sur le plan physico-esthétique.

La comparaison d'études menées avant (3 février) et après (4 avril) l'instauration du confinement a mis en lumière un relâchement des Français dans le lavage quotidien de leur corps et de leur visage. À peine 67 % d'entre eux auront pratiqué chaque jour une toilette complète en période de confinement, contre 76 % avant que la crise éclate. Et c'est du côté de la gent masculine que cette tendance à la baisse est la plus marquée : la proportion d'hommes se lavant tous les jours le corps et le visage a chuté de 10 points (61 %) par rapport à son niveau de début février (71 %). Une telle évolution est sans doute à rapprocher du fait que le confinement a réduit les interactions sociales et les contacts physiques. En cela, il a desserré la contrainte que le regard des autres fait peser habituellement sur l'image de soi, au point d'atténuer la crainte d'être stigmatisé par ses pairs en cas d'apparence négligée. D'ailleurs, c'est chez les hommes confinés seuls que le lavage quotidien est le moins fréquent (49 %, contre 70 % des hommes vivant à quatre ou plus dans leur foyer), signe que l'hygiène tient beaucoup au degré de sociabilité d'un individu et à sa prise en compte du regard d'autrui dans la gestion de son apparence corporelle.

Pour le reste, cette résistance à la toilette quotidienne se lit à nouveau comme un phénomène plutôt masculin, affectant avant tout les seniors dont les pratiques en matière d'hygiène ont été inculquées à une époque où le confort sanitaire de base (eau courante, salle de bains, douche, etc.) n'était pas aussi répandu : moins de la moitié (49 %) des hommes de 65 ans et plus se sont lavés entièrement tous les jours, contre plus des deux tiers des jeunes hommes de moins de 25 ans (67 %).

Jouant aussi un rôle dans la prévention des infections et le bien-être corporel, l'hygiène vestimentaire enregistre également un certain recul avec le confinement. C'est ainsi qu'à peine 68 % des hommes confinés déclarent changer quotidiennement de sous-vêtements, contre 73 % avant la mise en place du confinement. Sur ce sujet aussi, les « mauvais élèves » sont surreprésentés dans les rangs des seniors – qui tendent à se comporter comme à l'époque de leur enfance –, et notamment des hommes confinés seuls : 41 % de ceux-ci admettent ne pas changer de slip ou de caleçon tous les jours, contre 15 % des femmes.

«No bra», «free pussies», «no slip»...
Un contexte propice à l'émergence de nouvelles habitudes vestimentaires

Symptomatique d'un certain «laisser-aller» vestimentaire des Français en milieu confiné, le fait de ne pas porter de sous-vêtements apparaît comme une tendance marquée en cette période de huis clos. Parmi les femmes, le confinement est en effet allé de pair avec une augmentation du nombre d'adeptes du «*no bra*»: la proportion de femmes ne mettant jamais ou presque jamais de soutien-gorge est ainsi passée de 3 % avant le confinement (3 février) à 8 % trois semaines après sa mise en place (4 avril).

Arguant souvent de motivations à la fois esthétiques, sanitaires et féministes, le mouvement «*no bra*» aura ainsi trouvé dans les conditions de vie imposées par le confinement un terreau propice à une pratique qui, si elle est assez simple à effectuer chez soi, a toujours été plus compliquée à assumer en dehors, tant la poitrine des femmes reste «sexualisée». Dans le détail, c'est d'ailleurs dans les rangs des femmes ne souffrant pas du regard des autres que l'adoption de cette pratique est la plus élevée: 12 % des femmes vivant seules ne portent plus de soutien-gorge, contre 5 % des femmes confinées en couple avec deux enfants. Mais l'âge joue aussi un rôle important en la matière: 20 % des jeunes femmes confinées de moins de 25 ans ne mettent pas de soutien-gorge, contre 8 % des plus de 65 ans.

Chez les hommes, cette tendance à la «libération» totale du sous-vêtement est plus limitée. Mais il n'en reste pas moins que le confinement s'est traduit par une augmentation significative du nombre d'hommes ne portant plus de slip ou de caleçon : 5 % en avril, soit une proportion cinq fois supérieure à celle observée par l'Ifop avant la mise en place du confinement (1 % en février).

Chez les femmes, le mouvement des « *free pussies* » progresse lui aussi, mais il demeure très marginal (2 %) en dehors des rangs des femmes de moins de 25 ans (7 %), sans doute moins exposées que les autres aux risques que le fait de ne pas porter de culotte peut avoir pour leur hygiène intime.

Enfin, il est intéressant de noter que cette dégradation relative de l'hygiène corporelle et vestimentaire est souvent accompagnée d'une forte baisse de l'estime de soi des femmes : seules 12 % des Françaises confinées se trouvaient alors « belles », soit presque deux fois moins que ce que l'on observait avant la mise en place du confinement (22 %). Si ce manque d'estime de soi était plus répandu chez les femmes ne se lavant pas tous les jours, il ne s'explique toutefois pas seulement par cette tendance à l'abandon. Cette dépréciation est aussi à mettre en relation avec une prise de poids – due à des repas ou apéritifs plus copieux ou fréquents qu'à l'accoutumée – et surtout avec le fait que les Françaises n'ont plus eu accès aux services de soins esthétiques (coiffure, manucure, pédicure, etc.)

La France confinée aura donc été le théâtre de tendances divergentes en matière d'hygiène : alors que la peur d'être infecté par le virus provoque une hausse des taux d'observance en matière de lavage des mains à des niveaux inégalés, ne plus avoir à donner le change à autrui a favorisé un relâchement de certaines habitudes. Quels que soient les progrès qui seront acquis après la crise, il est donc d'ores et déjà confirmé qu'une bonne hygiène individuelle est avant tout liée au niveau de sociabilité d'un individu et à sa crainte d'être victime du « stigmate », cher à Erving Goffman[1], qui affecte toute personne s'affranchissant des standards dominants de propreté corporelle.

4. Vers une hygiène médiatique ?

Un véritable « blast » *médiatique*

Une étude de l'Institut national de l'audiovisuel (Ina) a montré comment le coronavirus avait intégralement colonisé l'espace médiatique[2]. On l'a rappelé, Agnès Buzyn, l'ex-ministre de la Santé, avait recouru à la métaphore du « tsunami » pour convaincre de la puissance de la vague épidémique qui allait s'abattre sur notre pays. Les auteurs de la note de l'Ina en question évoquent, quant à eux, un « *blast* » (explosion) sans précédent, suivie d'un puissant effet de souffle qui a totalement bouleversé et reconfiguré l'agenda médiatique. Cette épidémie constitue, selon eux, « un événement qui "efface" tous les repères traditionnels, toutes les grilles, et presque toutes les autres infos ». Ainsi, du 6 au 22 mars, sur les chaînes d'information en continu, près de 75 % du temps d'antenne a été consacré au coronavirus, soit une moyenne de treize heures et trente minutes par jour et par chaîne.

L'ampleur et la durée de la médiatisation du Covid-19 constituent un phénomène totalement inédit dans l'histoire de la télévision. Certes, d'autres événements avaient également monopolisé l'attention des médias, par exemple

1. *Stigmate. Les usages sociaux des handicaps* (1963), Paris, Minuit, 1975.
2. Citée par « Coronavirus : près de 19 000 articles chaque jour dans la presse française, un record », LeJDD.fr, 21 mars 2020.

la mort de Jacques Chirac : 80 % du temps d'antenne avaient été consacrés à cette information, mais le flot de l'actualité avait rapidement repris ses droits et quelques heures plus tard cette « part de marché » avait fortement diminué. Rien de tel ne s'est produit avec l'irruption de l'épidémie. Après avoir collectivement basculé en mode « *breaking news* », l'ensemble de la sphère médiatique est demeuré pendant des semaines entièrement focalisé sur le Covid-19 et ses innombrables déclinaisons médicales et conséquences économiques, sociétales, politiques – voire géopolitiques. Le fait que cette crise soit mondiale a renforcé l'hégémonie du sujet dans l'actualité : l'ouverture sur les pays du monde, qui, en temps normal, permet de nous évader d'une actualité intérieure très prenante (les attentats en 2015, la crise des « gilets jaunes » en novembre-décembre 2018, les grèves à la SNCF et à la RATP en décembre-janvier 2019-2020), nous a, durant toute cette période, invariablement et implacablement ramenés au coronavirus – avec, notamment, une pluie de reportages sur l'hécatombe en Italie, puis en Espagne, ou l'entrée en réanimation de Boris Johnson, ou bien encore le déferlement du virus aux États-Unis…

À l'occasion, cette séquence médiatique a éclipsé d'autres nouvelles pourtant tout aussi dignes d'intérêt. Face au coronavirus, aucun autre sujet n'est parvenu à s'imposer durablement et à suspendre un bruit de fond permanent, certes à bien des égards fascinant mais tout aussi inquiétant, dans lequel la société française a baigné pendant de longues semaines. Comme l'a écrit la journaliste Laure Daussy : « Tout tourne autour de la pandémie. Seules quelques disparitions de personnalités qui ne sont pas décédées du Covid-19 permettent aux médias de traiter d'autre chose, comme la mort d'Uderzo et, dans un autre registre, l'attentat à

Romans-sur-Isère[1]. » Même le jour du premier tour des élections municipales, l'Ina a mesuré que le coronavirus avait occupé en moyenne 69 % du temps d'antenne des chaînes d'information.

La colonisation de l'espace médiatique par l'épidémie et ses conséquences n'a pas concerné que la télévision. Selon une étude de la plateforme de veille médiatique Tagaday pour *Le Journal du dimanche*, le virus s'est également imposé comme le sujet actuellement dominant dans la presse écrite[2]. Cette dernière, tous titres et tous supports confondus (papier et web), a ainsi produit pas moins de dix-neuf mille articles par jour consacrés au virus, contre six mille articles quotidiens dénombrés pour les « gilets jaunes » au pic de leur mobilisation, ou huit mille articles par jour pour l'élection d'Emmanuel Macron à la présidence de la République.

Cette extraordinaire production médiatique a-t-elle répondu à une attente particulièrement forte du public ou l'a-t-elle aiguisée ? Éternelle affaire de la dialectique de l'œuf et de la poule. Quoi qu'il en soit, les audiences ont battu des records : les journaux télévisés de TF1 et de France 2 ont ainsi réuni jusqu'à quinze à vingt millions de téléspectateurs quotidiens cumulés. « Le mois de mars est le meilleur mois de toute l'histoire de BFMTV en termes d'audience », selon Céline Pigalle, directrice de la rédaction de la chaîne. Interrogée par Laure Fraissy, la dirigeante indique que, lors de la première semaine de confinement, ce sont en moyenne dix-huit à vingt millions de personnes qui ont regardé BFMTV dans une journée, puis seize à

1. « Les journalistes face à la crise du Covid-19 », Jean-Jaures.org, 15 avril 2020.

2. « Coronavirus : près de 19 000 articles chaque jour… », art. cité.

dix-sept millions depuis début avril, contre huit à dix millions habituellement[1]. Ce gonflement des audiences des différentes chaînes s'explique d'abord par une augmentation du temps passé devant la télévision, qui, selon Médiamétrie, a bondi d'une heure en moyenne depuis l'instauration du confinement. Bien entendu, les plateformes de vidéo à la demande – et notamment Netflix – en ont profité aussi, mais, parallèlement à sa fonction de divertissement, la télévision a tenu plus que jamais son rôle dans l'information des Français.

Prendre du recul face à l'avalanche d'informations anxiogènes

Face à cet événement sans précédent et au *blast* médiatique qui l'a accompagné, de très nombreux Français ont été plongés au début du confinement dans un état de sidération, fascinés qu'ils étaient devant les programmes des chaînes d'information en continu. Certes, un tel phénomène s'était déjà produit le 11 septembre 2001 et à la suite des attentats du 13 novembre 2015. Mais, en ces deux occasions, la stupéfaction avait lâché prise après quelques jours. Cette fois, le caractère hypnotique et entêtant[2] du traitement médiatique et la rupture brutale du rythme de la vie quotidienne, consécutive à l'instauration subite du confinement, ont installé bon nombre de nos concitoyens dans cet état psychologique pendant un bon moment. Le désir de suivre jour après jour l'évolution de la situation est, en effet, resté vif plusieurs semaines, afin de savoir quand exactement le « pic »

1. « Les journalistes face à la crise du Covid-19 », note citée.

2. Au sens littéral du terme, cette épidémie nous a *pris la tête*, en devenant l'unique sujet d'attention et de discussion, occultant et reléguant tous nos autres centres d'intérêt loin derrière.

épidémique serait atteint, mais aussi pour prendre la mesure de la capacité de notre système de santé à « tenir » face à l'afflux des patients. En attendant « la vague », beaucoup ont écouté les analyses, les hypothèses, comparant notre situation à celle des autres pays et, bien sûr, en suivant avec assiduité les points quotidiens de Jérôme Salomon, le directeur général de la santé.

Mais après avoir surconsommé les multiples sources d'information (télé, radio, réseaux sociaux, etc.), partagé de nombreux articles, vidéos ou podcasts, certains ont décidé de se tenir à l'écart de ce flux incessant. « En fin d'aprèm', après avoir arrêté la télé et les autres sources d'information, nous avions presque oublié la situation de confinement », raconte Cynthia. Pris dans ce « nuage informationnel », pour reprendre l'expression d'Edgar Morin[1], les participants de notre communauté ont été nombreux à nous confier ne pas s'attarder sur les « polémiques inutiles », se méfier des réseaux sociaux et privilégier les analyses de fond pour « prendre du recul ». Ainsi, aux « gestes barrière » visant à freiner la propagation de l'épidémie se sont rapidement ajoutés des comportements d'« hygiène médiatique » pour se préserver du stress de l'actualité, mais également des « *fakes news* » (fausses informations), des rumeurs alarmantes ou complotistes. Si ce réflexe de protection semble avoir été partagé dans bien des foyers, les nombreuses discussions sur l'origine du virus qui ont envahi la Toile pendant le confinement sont cependant loin d'avoir laissé tout le monde indifférent…

1. *Pour entrer dans le XXIe siècle*, Paris, Seuil, 2004.

L'épidémie dans l'épidémie : l'adhésion aux thèses complotistes sur le virus

Le 17 mars 2020, la France entrait donc officiellement en confinement. Le lendemain, une enquête réalisée du 10 au 16 mars 2020 par le Pew Research Center révélait que 29 % des adultes américains pensaient que le virus avait été fabriqué en laboratoire, soit intentionnellement (23 %), soit accidentellement (6 %)[1]. Afin d'estimer ce que ces opinions représentent dans la société française, la Fondation Jean-Jaurès et Conspiracy Watch demandèrent alors à l'Ifop de réaliser le même sondage, à partir d'un dispositif comparable, sur un échantillon représentatif de la population française âgée de 18 ans et plus[2]. Il ressort de ce sondage, réalisé quelques jours seulement après l'enquête américaine, que, si une nette majorité de Français souscrit à l'énoncé selon lequel le SARS-Cov-2 (l'agent pathogène du Covid-19) est apparu de manière naturelle (57 %), il s'en trouve toutefois plus d'un sur quatre pour estimer qu'il a au contraire été « conçu » en laboratoire (26 %). En d'autres termes, les Français ne seraient pas beaucoup moins « complotistes » que les Américains sur l'origine du nouveau coronavirus. Ce fait doit être souligné car on rappellera que le contexte américain avait été marqué par les passes d'armes verbales entre autorités chinoise et américaine sur cette origine, chaque gouvernement accusant l'autre d'avoir une responsabilité dans la création ou la propagation du

1. « Americans Immersed in COVID-19 News ; Most Think Media Are Doing Fairly Well Covering It », Journalism.org, 18 mars 2020.
2. Enquête réalisée en ligne du 24 au 26 mars 2020, auprès de 1 008 personnes.

coronavirus. L'opinion publique française, plutôt préservée de ces polémiques diplomatiques et sanitaires, n'a, pour autant, manifestement pas été totalement immunisée contre la diffusion d'une lecture de type conspirationniste de cette épidémie, même si la proportion de personnes adhérant à l'idée d'une origine naturelle du virus est nettement plus élevée qu'outre-Atlantique.

Le sondage vérifie ce que nous avions déjà observé par le passé, à l'occasion de deux vagues d'enquête, menées en décembre 2017[1] et en décembre 2018[2], à savoir que les générations les plus jeunes et les catégories sociales les plus défavorisées demeurent les plus perméables au complotisme. Nous touchons là un point important. Si chaque crise ou événement majeur génère ses propres interprétations conspirationnistes, ces récits rencontrent souvent l'attention et l'adhésion d'un public bien particulier et non pas de publics différents en fonction des sujets ou des thématiques abordés. Au fond, tout se passe comme si un public aux caractéristiques générationnelles, socioculturelles et politiques très précises était structurellement réceptif à ces thèses, et ce quelle que soit la nature de la crise. Le cas de

1. Sondage Ifop pour la Fondation Jean-Jaurès et Conspiracy Watch réalisé en ligne du 19 au 20 décembre 2017, auprès d'un échantillon de 1 000 personnes représentatif de la population française âgée de 18 ans et plus, complété par un échantillon de 252 personnes de moins de 35 ans qui ont été remises à leur poids réel au sein de l'échantillon lors du traitement statistique des résultats. Au total, 1 252 personnes ont donc été interrogées.

2. Sondage Ifop réalisé en ligne du 21 au 23 décembre 2018, auprès d'un échantillon de 1 506 personnes représentatif de la population française âgée de 18 ans et plus, complété par un échantillon de 254 personnes de moins de 35 ans, qui ont été remises à leur poids réel au sein de l'échantillon lors du traitement statistique des résultats. Au total, 1 760 personnes ont donc été interrogées.

l'épidémie de coronavirus vient confirmer une nouvelle fois cette observation.

Ainsi, ce sont 27 % des moins de 35 ans qui approuvent l'opinion selon laquelle le virus a été développé intentionnellement dans un laboratoire, contre seulement 6 % des plus de 65 ans. En revanche, il convient de relever que ces plus de 65 ans sont 12 % à penser que le virus a été fabriqué « accidentellement » en laboratoire, contre seulement 5 % des moins de 35 ans. Les tranches d'âges intermédiaires s'avèrent également assez poreuses à la thèse d'une origine intentionnelle de ce virus, puisque 19 % des 35-49 ans et 16 % des 50-64 ans y adhèrent. Cette plus grande porosité des jeunes générations renvoie notamment, comme on a pu le montrer lors d'enquêtes précédentes, à un usage beaucoup plus développé des réseaux sociaux et d'internet chez eux que chez les plus âgées. Avec un temps d'écoute des médias sensiblement accru dans le contexte du confinement, la population, mais en particulier les seniors, qui s'informent prioritairement par le biais des médias traditionnels, a en quelque sorte suivi un MOOC géant d'épidémiologie et de médecine. Mais, dans le même temps, les réseaux sociaux, principaux vecteurs de propagation des *fake news*, ont été massivement consultés, et notamment par les jeunes. C'est par ce canal que se sont rapidement diffusées dans le corps social les théories du complot, à partir des publics potentiellement les plus réceptifs. En quelques jours seulement, une vidéo accusant l'institut Pasteur d'avoir fabriqué le nouveau coronavirus a été vue des millions de fois…

Le niveau de vie et le bagage socioculturel constituent également une variable assez prédictive du degré d'adhésion aux discours conspirationnistes. Ainsi, la croyance selon laquelle le virus aurait été conçu intentionnellement décroît de manière linéaire à mesure qu'on progresse vers les catégories les plus aisées : les plus pauvres sont 22 % à adhérer à cet énoncé quand les plus aisés ne sont que 4 %. Ce constat s'explique par une différence en termes de niveau de formation : les plus diplômés sont tendanciellement plus enclins à adhérer à une vision « officielle » et complexe des faits sociaux, alors que les moins diplômés sont, en moyenne, plus sensibles à des grilles de lecture fondées sur des causalités simples.

Par ailleurs, cultivant une profonde défiance vis-à-vis des élites et des autorités, les milieux populaires ont une plus grande propension à prêter foi aux récits mobilisant complots ou stratégies secrètes mises en œuvre par des puissances institutionnelles ou financières qui travailleraient à servir leurs propres intérêts au détriment du peuple ou de « ceux d'en bas ». Les ingrédients mobilisés dans ces récits conspirationnistes sont souvent puisés dans l'univers des séries télévisées ou du cinéma, qui structure en profondeur les imaginaires collectifs, et notamment ceux des milieux populaires. Ainsi, dans le cas du récit conspirationniste sur l'origine du Covid-19, on peut facilement identifier deux « briques » élémentaires que l'on rencontre dans de nombreux scénarios de films ou de séries : la conception dans un laboratoire secret (soit gouvernemental, soit contrôlé par une firme, multinationale de préférence) d'un virus à des fins militaires ou commerciales, et sa diffusion en dehors de cette enceinte, de manière intentionnelle ou accidentelle. On retrouve là un arc narratif très efficace, mis à profit aussi bien par Hollywood que par les conspirationnistes.

Si l'adhésion à de telles thèses est liée à l'âge et au niveau socioculturel des individus, il apparaît que la variable la plus corrélée à cet item est celle qui engage les sympathies partisanes, terrain sur lequel on enregistre des écarts extrêmement contrastés. Alors que seulement 2 % des sympathisants de la majorité présidentielle et 6 % de ceux du parti Les Républicains considèrent que le nouveau coronavirus a été fabriqué intentionnellement en laboratoire, ce ne sont pas moins de 40 % des sympathisants du Rassemblement national qui souscrivent à cette thèse, soit 23 points au-dessus de la moyenne de l'échantillon, quand 13 % adhèrent à celle d'une origine humaine mais accidentelle.

Le très fort niveau d'adhésion de l'électorat de l'ex-Front national à la thèse complotiste renvoie pour partie à une porosité traditionnellement assez développée de cet électorat à ce type de rhétorique, quel que soit le sujet, comme les deux premières vagues du sondage réalisé pour la Fondation Jean-Jaurès et Conspiracy Watch l'avaient montré. Mais il est certain que cette adhésion est en l'occurrence amplifiée par une sensibilité particulière de cet électorat à la question des risques et des scandales sanitaires : historiquement, l'extrême droite a toujours mobilisé le registre sémantique de l'épidémie, de la dissémination et de la propagation (des idées antinationales, des immigrés, de l'islamisme, etc.). Elle s'est toujours présentée elle-même comme un agent de protection ou de régénération du corps national menacé d'altération ou d'infection. Le recours à des métaphores médicales ou biologisantes fait ainsi partie du répertoire traditionnel de la droite nationaliste depuis Édouard Drumont, Charles Maurras et Vichy. Plus près de nous, Jean-Marie Le Pen s'est illustré à plusieurs reprises en tenant des propos chocs sur certains sujets de santé publique. On se souvient de ceux qu'il avait tenus sur les « sidaïques » et les « sidatoriums » lors de l'émission « L'heure de Vérité » en 1987, mais aussi, quelques années plus tard, de ses charges extrêmement violentes lors de l'affaire du sang contaminé. Le leader frontiste déclara ainsi, par exemple, à l'occasion d'un meeting à Avignon le 7 février 1992 : « Les hommes politiques qui ont pris la responsabilité de faire distribuer des produits sanguins contaminés par le sida sont des assassins. » Adoptant un ton moins virulent, sa fille a néanmoins justifié son opposition à la vaccination obligatoire des jeunes enfants décidée par le gouvernement en déclarant le 19 octobre 2017, lors de « L'émission politique » sur France 2 : « Il n'y a pas eu de campagne d'information en France. Or la France est un pays polytraumatisé par rapport aux scandales sanitaires... Le Médiator, ça a été un drame. La Dépakine, c'est un drame. »

On notera parallèlement que, si les sympathisants écologistes et ceux de La France insoumise se montrent généralement assez réservés face à la vaccination et pourfendent volontiers les « grands-groupes-pharmaceutiques-mondiaux-qui-cherchent-avant-tout-à-enrichir-leurs-actionnaires », cette critique de « Big Pharma »[1] ne va pas jusqu'à faire adhérer ces électorats à l'idée d'une origine intentionnelle du coronavirus : 19 % pour les sympathisants insoumis, soit un niveau proche de la moyenne (17 %), et seulement 7 % parmi ceux d'Europe Écologie-Les Verts.

« Chloroquine : qui a tort ? Qui a raison ? »

Dans le flux des informations délivrées sur la crise du Covid-19, la question des traitements a occupé une place importante, notamment autour du recours à celui à base de chloroquine, prôné par le professeur Didier Raoult. Au

1. Voir François Ruffin et Cyril Pocréaux, *Un député et son collab' chez Big Pharma*, Paris, Fakir, 2018.

sein de notre communauté, jusqu'à fin mars, les échanges de nos participants sur la chloroquine ont été très peu nourris. Autant les interventions de Jérôme Salomon ont fait l'objet d'un suivi régulier, autant la bataille à laquelle se sont livrés le docteur Raoult, ses défenseurs et ses détracteurs a finalement assez peu retenu l'attention, comme s'il fallait attendre l'issue de cette « bataille médiatique » pour savoir si l'on pouvait ou non se réjouir d'avoir trouvé un traitement.

Alors qu'au tout début du confinement certains au sein de notre communauté plaçaient beaucoup d'espoir dans la chloroquine, s'étonnant avec agacement des hésitations du gouvernement, l'incertitude a semblé l'emporter dans un second temps, et d'autant plus que dans cette bataille « on ne sait plus très bien qui dit quoi ». « Le ministre de la Santé dit qu'il faut faire une expérimentation sur les cas les plus graves, le professeur Didier Raoult dit qu'il faut le donner au début de la maladie… Qui a tort, qui a raison ? Je trouve qu'il y a beaucoup de flou. C'est sûr que, cette crise, c'est l'inconnu, mais, quand même, beaucoup trop de questions restent en suspens », rapporte Nathalie, la jeune retraitée de Saint-Jean-de-Luz. Si le docteur Raoult bénéficie plutôt d'une bonne image du fait de l'importance de ses recherches, de son investissement auprès de ses patients et de son engagement dans la lutte contre le Covid-19[1], l'usage de la chloroquine s'est dessiné comme une option possible, envisageable, mais non exempte d'incertitudes. « Je ne sais pas trop : j'ai d'abord entendu dire que ça fonctionnait bien, puis j'ai entendu une personne dire qu'il avait arrêté le traitement au bout d'un ou deux jours

1. 43 % des Français éprouvent de la sympathie pour lui, contre 14 % seulement qui le rejettent, selon un sondage Odoxa pour *Le Figaro*.

car il avait trop d'effets secondaires, et une autre déplorant la mort de son conjoint malgré le traitement… J'imagine que ça dépend des personnes. La question, c'est: est-ce que je le prendrais ou pas ? » s'inquiète Valérie, l'assistante maternelle de 54 ans.

Dans un premier temps, il n'y a pas eu de lecture réellement politique de cette polémique, le souci de prendre le temps de l'expérimentation et de l'évaluation exprimé par le gouvernement étant finalement aussi bien compris que le souhait d'agir à tout prix, de tenter le tout pour le tout du docteur Raoult, directeur de l'Institut hospitalo-universitaire Méditerranée Infection, à Marseille. Plusieurs participants sont restés sourds à cette querelle, qu'ils trouvaient fortement anxiogène. «Je ne veux pas tout savoir, nous dit Isabelle, je veux juste un vaccin, un médicament qui nous soigne»… pour enfin apercevoir le bout du tunnel – tunnel dont la sortie semblait s'éloigner à mesure que les grands événements (baccalauréat, rencontres sportives, élections municipales) étaient reportés ou purement et simplement annulés.

Mais, au fur et à mesure que le nombre de morts augmentait et que les partisans de la chloroquine donnaient de la voix, le sujet est monté en puissance au sein de l'opinion. Début avril, pas moins de 98 % des Français avaient entendu parler du traitement à base de chloroquine, 59 % déclaraient même parfaitement savoir de quoi il s'agissait[1]. Non seulement la chloroquine bénéficiait ainsi d'un taux de notoriété spectaculaire pour une molécule, mais de surcroît elle se mit soudainement à jouir d'un fort crédit auprès du grand public. Avant même que n'interviennent les conclusions

1. Sondage Ifop pour Labtoo réalisé en ligne du 1er au 4 avril 2020, auprès d'un échantillon national représentatif de 1 016 personnes.

des expérimentations diligentées par les autorités sanitaires, le professeur Raoult et ses soutiens ont gagné la bataille de l'opinion : 59 % des personnes interrogées estimaient, d'après ce qu'ils en savaient, que le traitement à base de chloroquine était efficace face au coronavirus, contre seulement 20 % qui le percevaient comme « pas efficace », 21 % des sondés ne se prononçant pas ou ne s'estimant pas compétents pour répondre. Ce soutien s'est trouvé confirmé par le succès de la pétition « #NePerdonsPlusDeTemps », lancée sur la plateforme Change.org par différentes personnalités comme les ex-ministres de la Santé Philippe Douste-Blazy et Michèle Barzach ou le médecin urgentiste Patrick Pelloux, mais aussi plusieurs chercheurs et autres professeurs de médecine. Mise en ligne le 3 avril, cette pétition a rapidement engrangé un nombre massif de signatures : 80 000 dès le lendemain, 200 000 le 5 avril, 415 000 le 6 avril…

Cette dynamique n'est pas sans rappeler celle des pétitions qui avaient déclenché le mouvement des « gilets jaunes ». Et le parallèle n'est pas fortuit, quand on sait que le débat sur la chloroquine a en partie réactivé des lignes de clivage qui avaient fracturé la société française au moment de ce conflit social. L'analyse des catégories et groupes ayant soutenu le professeur Raoult ou estimant que le traitement à base de chloroquine serait efficace le montre.

On constate certes un phénomène de soutien régional dans un premier temps. C'est en effet en région Provence-Alpes-Côte d'Azur que l'opinion selon laquelle ce traitement serait efficace est la plus répandue : 74 % des personnes interrogées la partagent, contre 59 % au niveau national (et 58 % en Île-de France). La population marseillaise, et plus globalement provençale, s'est mobilisée pour son héros. Plusieurs responsables politiques régionaux

(Valérie Boyer, Martine Vassal, Renaud Muselier, ou bien encore Christian Estrosi) ont pris fait et cause pour le professeur. Éric Cantona aussi. Mais ce soutien n'a pas émané seulement de personnalités en vue ; le « peuple de Marseille » a également répondu présent, comme en témoigne par exemple le cortège de camions-poubelles qui a défilé avec gyrophares et klaxons sous les fenêtres de l'Institut hospitalo-universitaire. Quelques jours plus tôt, les South Winners 87, un des groupes de supporters de l'Olympique de Marseille, avaient déployé devant ce bâtiment une vaste banderole sur laquelle on pouvait lire : « Marseille et le monde avec le Pr Raoult. » Par ailleurs, la grande interview diffusée sur YouTube que celui-ci avait accordée au journal local *La Provence* le 20 mars avait été vue par un million et demi de personnes en seulement quelques jours. Derrière le soutien au « bienfaiteur » de la ville (son institut ayant pratiqué le dépistage de façon massive et pris en charge de nombreux patients), la popularité du professeur Raoult traduit aussi la fierté phocéenne et méridionale confrontée à un establishment parisien arrogant et fréquemment perçu comme condescendant à l'égard de la province – et *a fortiori* du Sud. Les propos tenus par Éric Cantona dans une vidéo postée sur les réseaux sociaux sont, à cet égard (et comme souvent…), éloquents : « Mais tu as les Parisiens avec leurs costumes-cravates, très bien coiffés, parce que, lui, t'as l'impression qu'il vient de Woodstock. On le traite de charlatan alors qu'il fait partie des plus grands chercheurs au monde. »

Il est habituel qu'en période de crise les porteurs de bonnes nouvelles suscitent intérêt et sympathie. Cependant, l'engouement dont a bénéficié le professeur Raoult, encouragé par son positionnement et sa communication bien travaillés[1], repose plus globalement sur une posture de défiance très forte par rapport aux autorités et rejoue l'opposition du pragmatisme de terrain face aux élites déconnectées, la province (Marseille) contre Paris. On est frappé par la similitude entre la France pestant contre la limitation de vitesse à 80 kilomètres-heure sur certaines routes et la France du professeur Raoult, dont le remède au Covid-19 est de bon sens, bon marché, simple et efficace selon ses défenseurs, qui se recrutent notamment dans la mouvance des « gilets jaunes »[2]. Ainsi, 80 % des sondés se définissant encore comme des « gilets jaunes » considèrent que le traitement à base de chloroquine soigne efficacement le Covid-19, contre 65 % des personnes qui disent les soutenir, et seulement 51 % de celles qui s'opposent à ce mouvement. Ainsi, par-delà la controverse scientifique, ce débat a ravivé un clivage politique : seuls 45 % des sympathisants de La République en marche créditaient ce traitement d'une certaine efficacité, contre 66 % des sympathisants du Rassemblement national et 80 % de ceux de La France insoumise – bien en phase avec leur leader, Jean-Luc Mélenchon, député d'une circonscription marseillaise et fervent soutien de Didier Raoult.

1. Les journalistes Damien Leloup et Corentin Lamy ont notamment montré comment l'équipe de communication et le *community manager* du professeur Raoult avaient très précocement cultivé sa popularité sur des forums de discussion comme JeuxVideo.com, l'un des principaux sites français, drainant un très large public qui se montre souvent réfractaire et méfiant vis-à-vis des médias traditionnels (« De "yorarien" à "yakekchose" : Didier Raoult, figure de forums de jeuxvideo.com », *Le Monde*, 27 mars 2020).

2. Il est à noter, par exemple, que l'humoriste Jean-Marie Bigard, qui avait pris fait et cause pour le mouvement des « gilets jaunes », a posté une vidéo de soutien au professeur Raoult.

5. Quand l'école s'invite à la maison

Les parents se transforment en répétiteurs

La France figure parmi les pays culturellement les plus hostiles à l'enseignement à domicile. En temps normal, ce type d'enseignement ne concerne qu'une infime proportion d'élèves : 30 000 seulement selon l'Éducation nationale, soit 0,3 % de la population en âge d'être scolarisée (de 6 à 16 ans), contre 3,5 % dans le cas des États-Unis, par exemple. À partir de la mi-mars, ils ont été près de douze millions et demi à expérimenter « l'école à la maison », afin de bénéficier d'une forme de « continuité pédagogique » à la suite de la fermeture des établissements scolaires. Après une année plutôt marquée par la « discontinuité », en raison des grèves contre les réformes du lycée et du baccalauréat, puis contre celle des retraites, de nombreux jeunes gens et parents se sont vite inquiétés de l'impact du confinement sur la scolarité. « Cette promotion est sacrifiée, avec le confinement, mais aussi à cause des enseignants qui ont fait grève et dénigré la nouvelle version du bac », nous dit par exemple Emmanuel, père d'un garçon qui doit bientôt passer les épreuves du baccalauréat de français.

Voilà sans doute pourquoi le ministre de l'Éducation, Jean-Michel Blanquer, a d'emblée donné le ton. « Ce n'est pas une période de vacances », avait-il annoncé le jour de la fermeture des écoles. Les enseignants, de leur côté, se sont très rapidement adaptés à la situation : ils ont multiplié les initiatives pour maintenir le contact avec leurs élèves et faire face aux dysfonctionnements techniques, les premiers jours, des ENT[1] et du site internet du CNED[2] à cause de l'afflux de connexions. De fait, le recours aux listes de diffusion, à Twitter et aux groupes WhatsApp, mais aussi aux visioconférences sur des logiciels comme Discord, Zoom ou Skype, a été privilégié par beaucoup d'enseignants, au mépris du Règlement général sur la protection des données, soit par commodité, soit par habitude personnelle. C'est notamment pour cette raison que semble avoir été largement tenue la promesse de l'Éducation nationale selon laquelle une continuité des enseignements et apprentissages serait assurée. En tout cas, nombre de parents font ce constat, et vont même jusqu'à regretter « l'attitude zélée de certains professeurs » à l'origine d'une « surcharge de travail » des enfants. Ce qui expliquera sans doute qu'à la suite des remontées effectuées par les associations de parents d'élèves le discours de Jean-Michel Blanquer évoluera une dizaine de jours plus tard : « Je crois que, ce qui est important, c'est le mot de "détente"[3]. »

Cette expérimentation pédagogique d'une ampleur sans précédent aura constitué une véritable épreuve pour les élèves, et bien entendu pour leurs parents. À cet égard, les retours d'expériences sont très hétérogènes d'une situation à l'autre. Pour Khaled, père de quatre enfants, dont trois sont scolarisés (en grande section, CE1 et CM1), et que nous avons interviewé dans les premières semaines du confinement : « Tout se passe relativement bien » – mais seulement « jusqu'ici », précise-t-il. « L'objectif », à court terme, était en effet d'arriver à « tenir jusqu'aux vacances de Pâques ». En attendant, « il [lui] faut gérer trois niveaux » sans oublier

1. « Environnements numériques de travail » dans les collèges.
2. Centre national d'enseignement à distance.
3. Intervention au journal de 13 heures de TF1, le 27 mars 2020.

d'assurer « la cantine ». Mais le bilan est franchement positif : « On passe plus de temps avec ses enfants, et puis c'est un apprentissage peut-être plus individualisé. » Contrairement au million et demi de parents isolés[1], Khaled organise l'école à distance avec son épouse, ce qui facilite considérablement les choses. Cependant, si pour sa part il est parvenu à faire face à la situation au moins dans un premier temps, Delphine et Juliette évoquent, de leur côté, les difficultés qu'elles ont d'emblée rencontrées. La première, âgée de 37 ans, a dû concilier son métier de professeur en classe préparatoire aux grandes écoles avec les sollicitations permanentes de ses enfants de 8 et 3 ans, qu'elle élève seule : « Impossible de m'arrêter. Mes élèves ont leurs concours, je dois assurer les cours, ils comptent sur moi. » Elle dit son épuisement : « Je ne peux travailler qu'à partir de 21 heures pour préparer mes cours et corriger mes copies. Et pour mes cours en visio, je mets mes enfants devant un DVD, mais ma petite vient régulièrement me solliciter. C'est vraiment compliqué, je suis sur les genoux[2]… » Juliette, quant à elle, parle de son « sacerdoce » au troisième jour du confinement. Comme 66 % des cadres confinés[3], cette maman de 39 ans a tenté de cumuler un métier à responsabilité en télétravail et l'encadrement scolaire de ses deux enfants « de nature agitée », dont l'un souffre d'importants troubles de l'apprentissage. Dans son « carnet de confinement », qu'elle remplit tous les matins, Juliette déclare régulièrement « ne pas avoir assez

1. Pour être précis, la France compte 1,6 million de foyers monoparentaux avec un ou plusieurs enfants de moins de 18 ans, d'après l'édition 2019 des *Tableaux de l'économie française* de l'Insee.

2. Témoignage recueilli par téléphone le 30 mars 2020.

3. Sondage Ifop pour Labtoo réalisé en ligne du 1er au 4 avril 2020, auprès d'un échantillon national représentatif de 1 016 personnes.

dormi » puisque, pour compenser le temps passé à suivre les devoirs et le travail de ses enfants, les séances de télétravail ont débordé largement dans la nuit, « quand les enfants sont enfin couchés ». Et Juliette nous confie également sa crainte de voir son fils, qui redouble sa grande section en classe ULIS[1], « accumuler du retard » vis-à-vis « des enfants qui travaillent bien et n'ont pas de difficultés ». Tiraillée entre l'école à la maison et le télétravail, Juliette fait part d'un double sentiment de culpabilité : celui de ne parvenir à se consacrer entièrement ni à son travail ni à ses enfants, ces derniers ayant du mal à comprendre « pourquoi [elle n'est] pas disponible pour eux alors [qu'elle est] à la maison ». Même incompréhension côté professionnel : « Mon boss ne comprend pas ma situation, il ne sait pas ce que c'est que de s'occuper d'un enfant handicapé [...]. C'est vrai que je me retrouve à faire des *calls* avec un de mes enfants sur les genoux, c'est bof, je sais... L'autre jour, il m'a dit qu'il me trouvait fatiguée après m'avoir parlé de sa grasse matinée du week-end, j'ai eu envie de hurler ! » Le recours, à regret, aux écrans pour occuper les enfants est souvent un moyen d'apaiser les tensions. « En ce moment, même si nous ne sommes pas fans, nous sommes vraiment obligés de laisser la tablette à notre fils pour avoir un temps au calme, la paix des ménages, pour travailler. Bref, c'est vital en ce moment. C'est le seul moment de la journée à peu près calme », poursuit-elle.

Il est difficile de prévoir quelles traces laisseront, sur les enfants et leur apprentissage, l'école à la maison et ces

1. Les « unités localisées pour l'inclusion scolaire » sont des dispositifs qui permettent la scolarisation d'élèves en situation de handicap au sein d'établissements ordinaires.

temps passés sur écran. Alors que Juliette se trouve face à un dilemme difficilement supportable, ce sont ses craintes vis-à-vis de la scolarité de son fils en difficulté qui vont l'emporter : elle obtiendra finalement d'être mise en chômage partiel.

Un risque de décrochage scolaire dans les quartiers populaires

Tous les foyers ne sont pas parvenus cependant à se prémunir contre le risque de décrochage scolaire. Trois semaines après le début du confinement, entre 5 et 8 % des élèves auraient disparu des radars : c'est ainsi que de 620 000 à 992 000 enfants ne donneront plus de nouvelles à leurs professeurs. Un phénomène d'autant plus inquiétant que ces chiffres, communiqués par le ministère de l'Éducation, seraient largement sous-estimés, d'après la FCPE, l'une des principales fédérations de parents d'élèves. Une part de ces décrochages correspond sans doute aux 5 % d'élèves préalablement identifiés par le ministère comme ne disposant d'aucun moyen numérique de communication. Mais bien d'autres facteurs sont entrés en jeu, tel que l'espace disponible dans le logement, le rapport des élèves et de leurs familles vis-à-vis de l'école, la disponibilité et l'implication des parents, la situation économique du foyer, un éventuel handicap, etc. Les informations communiquées par les professeurs et les associations semblent indiquer que le décrochage scolaire frappe avant tout les élèves les plus vulnérables, notamment ceux qui ont besoin d'un accompagnement spécialisé ou qui sont issus des zones prioritaires, comme le soulignent plusieurs enseignants, qui évaluent à près de 30 %

les élèves ayant disparu de l'institution scolaire[1]. C'est ce que confirment des professeurs de collège de Saint-Denis, qui témoignent de la désaffection importante de certains élèves dans les classes virtuelles qu'ils organisent régulièrement: « Il y a une classe de troisième qui suit convenablement, ils sont quatorze ou quinze sur vingt-trois à chaque cours, mais j'ai une autre classe où ils ne sont que six ou sept à suivre », dit Alice, professeure d'anglais. Laurent, professeur d'histoire dans la même ville, souligne qu'« il n'y a pas que la question de la fracture numérique car, s'il est vrai que les connexions ou les équipements peuvent être mis en cause, les établissements ont parfois prêté des ordinateurs ou des tablettes, mais les élèves n'ont pas donné signe de vie pour autant ». Ce que confirme Gilles, professeur de technologie dans le même établissement: « La continuité pédagogique se fait aussi par le papier car les enseignants envoient au collège des cours et des exercices qui sont imprimés par la direction. » Il ajoute: « Soit les élèves ne viennent pas chercher le travail et n'ont plus donné signe de vie depuis le 17 mars malgré les appels répétés passés par les équipes de la vie scolaire, soit ils viennent mais ne ramènent rien à la maison… » « J'ai des élèves qui ne répondent ni aux mails ni aux messages téléphoniques, et pourtant je sais que ce sont les bonnes coordonnées », appuie Alice[2].

Ahmed, 20 ans, étudiant à Bondy, confirme que dans son quartier la « continuité pédagogique » à distance a constitué une épreuve pour un grand nombre de parents.

1. Témoignages recueillis par téléphone les 29 et 30 mars 2020.

2. Nous remercions chaleureusement Iannis Roder, directeur de l'Observatoire de l'éducation à la Fondation Jean-Jaurès, de nous avoir fourni ces témoignages d'enseignants de Seine-Saint-Denis, département dans lequel il enseigne également.

L'expérience, à tous les niveaux, s'est révélée douloureuse au sein des foyers les plus modestes. « Déjà, avant de pouvoir donner des cours, il faut avoir un espace pour le faire », remarque-t-il. Et de fait, pour ces familles, les conditions ne se prêtent pas toujours à l'enseignement. En outre, l'école à la maison pendant le confinement a mis en évidence, de manière inédite, une inégalité dans l'accès au numérique. « Moi, le premier truc que j'ai vu qui m'a choqué, c'est que dans la classe de ma petite sœur ils sont vingt-deux mais on ne voit que dix personnes connectées depuis trois semaines. Il y a des gens qui n'ont pas un truc qui s'appelle le "wi-fi", qui n'ont pas de réseau, qui n'ont pas les ordinateurs portables ou téléphones adaptés », témoigne Ahmed. Mais, au-delà de cette fracture numérique et des conditions de logement, l'école à la maison dépend aussi beaucoup de la capacité des parents à dispenser les cours. À cette difficulté partagée par de nombreux parents est venue s'ajouter la barrière de la langue pour les parents dont le français n'est pas la langue maternelle : « Ma sœur a de la chance, je lui donne les cours à la maison. Si ça avait été mes parents, ça aurait été un peu plus compliqué. Mes parents, ça fait vingt-cinq ans qu'ils sont en France, mais il y a la barrière de la langue. Ils comprennent mais c'est limité. Communiquer et donner des cours, c'est compliqué malgré toute leur bonne volonté », raconte Ahmed. Cette situation est loin d'avoir été isolée en Seine-Saint-Denis, qui accueille 30 % de la population immigrée en France. Par ailleurs, il est intéressant de constater qu'au sein de ce département la population immigrée représentait en 2016, d'après l'Insee, 57 % des ouvriers et 39 % des employés, professions qui, justement, comptaient parmi celles qui ont dû continuer à travailler à l'extérieur. Si les parents d'Ahmed n'étaient pas dans ce cas, ces chiffres laissent imaginer qu'une partie des actifs du département ont dû, de par leur statut socioprofessionnel, être moins disponibles que d'autres pour assurer l'école à la maison. « On est dans une ville très touchée par les inégalités scolaires, explique Ahmed. Ici, ça commence très tôt. Un élève de Bondy, entre la petite section et la terminale, il perd une année d'étude juste avec les profs non remplacés. » Face à ce constat, il craint que la période de confinement vienne encore creuser les inégalités scolaires.

CHAPITRE IV

Le monde du travail à l'épreuve de l'épidémie

L'épidémie qui s'est propagée en France et le confinement qu'elle a provoqué auront constitué une épreuve pour l'ensemble du corps social. En ce sens, cette période est susceptible de raviver le sentiment d'appartenance au collectif. Pour autant, cette expérience du confinement, pour générale qu'elle ait été, ne se sera pas déclinée de façon homogène dans l'ensemble de la population. C'est particulièrement vrai dans le monde du travail, au sein duquel l'épreuve aura remis en lumière un certain nombre de lignes de failles préexistantes tout en en créant également de nouvelles, induites par l'application stricte des consignes gouvernementales.

1. Une tripartition inédite du monde du travail

D'après une enquête réalisée auprès des actifs, la France du travail s'est rapidement divisée en trois tiers, quasiment de même importance[1]. Cette tripartition est inédite et ne

1. Enquête Ifop pour la Fondation Jean-Jaurès réalisée en ligne du 21 au 23 mars 2020, auprès de 1 600 actifs issus d'un échantillon national représentatif de 3 011 personnes.

renvoie que partiellement aux structurations habituelles de l'emploi en France.

Quelques jours après la mise en place du confinement, on comptait ainsi 34 % d'actifs qui continuaient à travailler sur leur lieu de travail habituel malgré le confinement. On s'est focalisé à juste titre sur les « blouses blanches », les « premières-lignes », mais d'autres actifs ont tenu leur poste dans d'autres univers que le monde hospitalier, comme la grande distribution, la logistique et le transport, le commerce alimentaire, les pompes funèbres, les forces de sécurité, etc. Auprès de ces « deuxièmes-lignes », une proportion quasi équivalente de travailleurs (30 %) ont également contribué à faire fonctionner la machine économique et la société depuis chez eux ou depuis le lieu où ils avaient choisi de passer leur confinement.

Si les commentateurs ont abondamment traité de la situation faite à ces actifs au travail, on a un peu laissé dans l'ombre une troisième catégorie, qui regroupe pourtant 36 % des actifs selon une enquête réalisée au début du confinement. Il s'agit des personnes qui ont été mises en congés ou qui étaient déjà en congés maladie (15 %)[1], de ceux qui ont été mis au chômage partiel ou au chômage tout court, ou qui l'étaient déjà (21 %). Ce groupe, déjà nombreux initialement, a connu une extension spectaculaire. Le 20 mars (C + 3), cinq cent mille salariés se trouvaient dans cette situation (contre trente mille lorsque, dix jours plus tôt, l'économie fonctionnait encore normalement). Muriel Pénicaud, la ministre du Travail, indiquait qu'au 27 mars (C + 10), deux cent vingt mille entreprises avaient eu recours à ce dispositif, engageant 2,2 millions

1. Notamment en raison d'un recours important au congé maladie pour garde d'enfants de moins de 16 ans, dispositif auquel recourent plus fréquemment les femmes. 19 % d'entre elles se déclarent ainsi actuellement en congés maladie ou comme ayant été mises en congés, contre 11 % des hommes.

de salariés. Quatre jours plus tard, les chiffres montaient à quatre cent mille entreprises pour 4 millions de salariés. Au fur et à mesure que les commandes, missions et contrats enregistrés et reçus avant la mise en place du confinement étaient honorés, le nombre de salariés mis à l'arrêt par leur entreprise a augmenté inexorablement, pour atteindre le chiffre faramineux de 10,2 millions le 22 avril (C + 36).

Évolution du nombre de salariés au chômage partiel

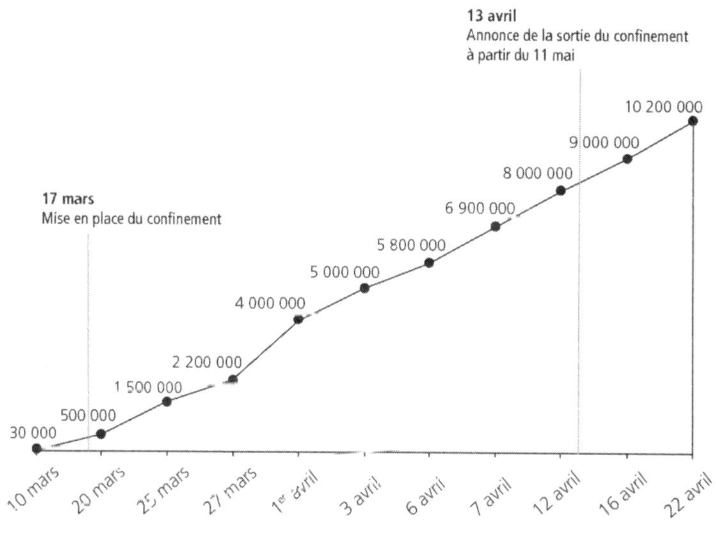

SOURCE : Ministère du Travail.

Parallèlement à la mesure permettant le recours au chômage partiel, l'évolution de la consommation d'électricité est un autre indicateur très parlant du ralentissement brutal qu'a connu l'activité économique. L'instauration du confinement s'est ainsi traduite par une diminution de cette consommation de 20 % par rapport à l'année dernière à la même époque, a constaté EDF. Pour faire face à la réduction très significative et inédite de la demande, l'entreprise a mis à l'arrêt plusieurs réacteurs nucléaires. Un autre indicateur témoigne de la pétrification subite de la vie économique et sociale : les ventes d'essence et de diesel se sont, quant à elles, effondrées de 75 % après la mise en place du confinement.

Des actifs tous égaux face au confinement ?

Travailleurs sur site, télétravailleurs et chômeurs à temps partiel, cette tripartition inédite et conjoncturelle du monde du travail renvoie bien évidemment à la nature des secteurs d'activité dans lesquels les actifs exercent leur métier. Le ministre de l'Économie, Bruno Le Maire, a ainsi appelé le 18 mars « tous les salariés des activités qui sont indispensables au fonctionnement du pays à se rendre sur leurs lieux de travail [...] dans des conditions de sécurité sanitaire maximales[1] ». La liste des secteurs « essentiels » n'a pas été dressée avec précision, mais on a notamment mentionné l'agroalimentaire, les transports, l'énergie et les télécommunications, l'assainissement, ou bien encore le traitement des déchets. Par-delà la division sectorielle entre activités « vitales » ou « essentielles » et les autres activités, un autre critère aura également contribué à structurer cette segmentation du monde du

1. « Coronavirus. Bruno Le Maire appelle les salariés indispensables à se rendre sur les lieux de travail », Ouest-France.fr, 18 mars 2020.

travail : la nature de l'emploi occupé. C'est que certaines fonctions se prêtent plus ou moins aisément au télétravail quand d'autres nécessitent d'être présent physiquement sur son poste de travail. Ainsi, au sein d'une même entreprise, en fonction des postes occupés, certains salariés ont pu « basculer » en télétravail alors que d'autres continuaient à se rendre sur leur lieu de travail. De la même manière, selon les types d'emploi et les secteurs d'activité, y compris parmi les activités non « essentielles », certains salariés ont continué à travailler sur site ou depuis chez eux car l'activité économique était encore suffisante, quand d'autres ont été mis au chômage partiel ou en congés car l'activité s'était tarie.

Ces nouvelles lignes de clivage au sein du monde du travail se superposent imparfaitement à la segmentation socioprofessionnelle habituelle. D'une CSP à l'autre, les situations ont donc été très contrastées, comme le montre le tableau suivant.

La situation face au travail des différentes CSP au début du confinement

	Cadres et professions intellectuelles	Professions intermédiaires	Employés	Ouvriers
Travail sur site	17 %	33 %	39 %	39 %
Télétravail	66 %	35 %	19 %	5 %
Arrêt (*)	17 %	32 %	42 %	56 %
Total	100 %	100 %	100 %	100 %

(*) Prise de congés, mise en congés, chômage ou chômage partiel.

SOURCE : Ifop.

Quelques dominantes se dessinent. Les cadres et les professions intellectuelles ont massivement fait l'expérience du télétravail (66 %) quand une majorité d'ouvriers a été confinée à la maison (56 %), mise au chômage partiel ou en congés. Mais 39 % d'entre ces derniers ont continué néanmoins à aller travailler, du moins au début du confinement. Signe de la grande hétérogénéité au sein des professions intermédiaires, ces dernières ont vécu l'épreuve du confinement de manière très contrastée. La diversité est également la règle dans le monde des employés, qui présente quasiment la même proportion de salariés (souvent des femmes) mis en arrêt : 42 % des employés par exemple, des serveuses dans la restauration ou les femmes de chambre dans l'hôtellerie, étaient confinés chez eux, quand 39 % d'entre eux, par exemple des hôtesses de caisse dans la grande distribution, continuaient à travailler sur site.

La proportion de cadres et de professions intellectuelles dans la main-d'œuvre locale, ainsi que le degré de prévalence de l'épidémie d'un territoire à l'autre, a également introduit des disparités régionales en termes de conditions de travail durant la période de confinement. Ainsi, c'est en Île-de-France, où les emplois de cadres et les activités de bureau sont les plus développés, que le taux de télétravailleurs aura été le plus important (41 %) et que le taux de salariés continuant de se rendre sur leur lieu de travail aura été le plus faible (25 %). À titre de comparaison, en province, ces proportions s'établissent respectivement à 27 % (soit un écart de 14 points pour le télétravail) et 36 % (soit un écart de 11 points pour le travail sur site).

Hors de l'Île-de-France, on constate également des disparités significatives d'une région à l'autre : dans les Pays de la Loire ou le Centre-Val de Loire, qui ont été assez peu touchés par l'épidémie, la proportion de salariés continuant de se rendre sur leur lieu de travail est très supérieure (avec souvent un ratio de deux pour un) à celle des télétravailleurs ; dans le Grand-Est, principal foyer de la crise, la proportion de salariés sur site est quasi équivalente à celle des télétravailleurs, les salariés et les directions d'entreprises ou d'administrations ayant sans doute opté plus massivement pour l'organisation du travail à distance que dans des régions où la menace de la contamination est moins prégnante.

Un confinement qui amplifie la fragilité économique de pans entiers du monde du travail

Durant le confinement, la diversité des situations face au travail et à l'emploi a introduit par ailleurs, et mécaniquement, des disparités de traitement importantes entre les actifs. Si 65 % d'entre eux (chiffre qui correspond pour l'essentiel aux actifs ayant continué de travailler sur site et aux télétravailleurs) déclaraient au départ percevoir l'intégralité de leur revenu, 29 % étaient en temps partiel, au chômage technique ou recevaient des allocations, et 6 % ne touchaient plus rien. De ce point de vue encore, les différences de situation sont très marquées en fonction du statut des individus. Les trois quarts des cadres et des professions intermédiaires ont ainsi continué à toucher leur salaire comme en temps normal. C'est également le cas pour deux tiers des employés. Mais le monde ouvrier, lui, s'est retrouvé scindé en deux, comme le montre le tableau suivant : une moitié percevant son salaire quand 43 % entraient dans des dispositifs de chômage partiel ou technique. La situation est nettement plus préoccupante encore pour les artisans et les commerçants, dont près de quatre sur dix déclaraient dès le début du confinement ne plus percevoir de revenus.

La situation en termes de revenu des différentes CSP pendant le confinement

	Cadres et professions intellectuelles	Professions intermédiaires	Employés	Ouvriers	Commerçants, artisans
Perçoivent l'intégralité de leur rémunération	75 %	75 %	66 %	52 %	33 %
Sont en temps partiel, au chômage technique, ou reçoivent des allocations	19 %	23 %	31 %	43 %	29 %
Aucun revenu	6 %	2 %	3 %	5 %	38 %
Total	100 %	100 %	100 %	100 %	100 %

SOURCE : Ifop.

Si le gouvernement a annoncé la mise en place de mesures de soutien pour les indépendants et un dispositif massif de chômage partiel, la prolongation de la période de confinement s'est traduite par une fragilisation de certaines catégories d'actifs en termes de revenu et de pérennité de l'emploi. Le groupe de chaussures André a, par exemple, annoncé son dépôt de bilan dès le début du confinement, le journal *Paris Normandie* étant mis, de son côté, en cessation de paiement. Dans des secteurs aussi divers que l'édition ou l'hôtellerie-restauration, les estimations des experts tablent sur un taux de défaillance d'entreprises allant de 30 à 50 %.

2. Des « deuxièmes-lignes » fortement exposées... mais reconnues symboliquement

La différence dans le vécu du confinement a bien évidemment été source d'inégalités nouvelles, non pas cette fois sur le plan salarial ou en matière de pénibilité au travail mais d'exposition au virus. Cette réalité a été très clairement perçue par les différentes catégories de salariés. Ainsi, ceux qui ont continué à travailler sur site ont parfaitement intégré qu'ils se tenaient sinon en « première ligne » du moins aux avant-postes. Pas moins de 73 % d'entre eux se sont sentis très ou assez exposés au Covid-19, alors que la proportion était deux fois moindre parmi les télétravailleurs (38 %) ou les salariés à l'arrêt ou en congés (36 %). Si l'inquiétude face à l'épidémie était palpable dans l'ensemble de la société et du monde du travail (41 % des actifs se sont déclarés très ou assez exposés au nouveau coronavirus), l'angoisse était la plus forte parmi les salariés qui « ont tenu leur poste ».

Au sein de notre communauté, les participants qui ont continué à travailler à l'extérieur durant le confinement ont souvent, dans un premier temps, apprécié d'être dans l'action, de se sentir utiles, de conserver un semblant de vie normale, en pouvant « sortir en toute légalité ». « Au début, la première chose que je me suis dite : merci, je travaille dans la santé, ça va me permettre de tenir pendant le confinement », nous rapporte Gaëlle, la secrétaire médicale habitant à Chamonix. Pourtant, les jours passants, l'angoisse de sortir a souvent pris le pas sur tout le reste. Tous ceux qui travaillent dans le secteur médical ou qui ont dû continuer à travailler au contact du public ont vite été hantés par l'idée d'être contaminés et de contaminer leurs proches, surtout quand les matériels de protection manquaient – ou étaient totalement absents. Une semaine après le début du confinement, Marc, le policier de 49 ans qui vit à Châteauneuf-les-Martigues, nous raconte comment il a été obligé de se débrouiller tout seul pour se protéger : « Une amie m'a fabriqué de façon artisanale un masque en tissu que je nettoierai à chaque fin de service. » Il est révolté, a envie de pousser un « gros coup de gueule » quand il entend sur BFMTV que le ministre de l'Intérieur va commander un milliard de masques : « J'en ai un peu marre de ces effets d'annonce qui font croire que le gouvernement fait le nécessaire. » L'angoisse et le ressentiment sont décuplés lorsqu'il apprend qu'un de ses collègues de patrouille est testé positif au coronavirus et que deux autres sont mis en confinement : « Mon groupe se réduit comme une peau de chagrin. En dix jours, nous sommes passés de huit à quatre[1]. » Gaëlle, quant à elle, raconte cette peur quotidienne d'être contaminée et de transmettre le virus : « Je me sens malade après une journée de travail. Aujourd'hui j'ai mal à la gorge, hier je me sentais fiévreuse. Je sais que c'est rien, que mon corps réagit au psychique tout simplement, mais bon… »

Quand le « **back office** » *a droit aux honneurs*

La crise des « gilets jaunes » avait déjà donné de la visibilité aux travailleurs du « *back office* », pour citer Denis Maillard[2], c'est-à-dire à ces salariés de la logistique, de l'entretien ou

1. Les forces de l'ordre ont payé en effet un lourd tribut à l'épidémie. D'après les pointages du ministère de l'Intérieur, près de 10 % des effectifs auraient été mis à l'arrêt pour cause de contamination.

2. Voir notamment « "*Back office*" contre "*front office*", quel rôle jouera le travail dans le vote au premier tour ? », Slate.fr, 12 avril 2017.

du *care* (métiers du soin)[1], travailleurs anonymes et passant la plupart du temps sous les écrans radars médiatiques et politiques. Autant de professions essentielles à la vie de nos sociétés, dont nous avons collectivement feint de découvrir qu'elles avaient été reléguées, par le capitalisme financier, à une marginalité tant symbolique que pécuniaire.

À sa manière, donc, la crise du coronavirus aura permis de braquer les projecteurs sur les « soutiers » de notre économie, tous ces salariés qui permettent notamment de nourrir et de soigner les Français au quotidien, mais qui assurent aussi des fonctions de bases essentielles (énergie, assainissement, télécommunication, pompes funèbres, etc.). En ce sens, cette période de confinement aura constitué un moment très particulier. On se souvient de la célèbre affiche « Mineur ! le sort de la France est entre tes mains », imprimée en 1945 à l'occasion de la « bataille du charbon » pour glorifier les mineurs et les encourager à produire davantage au nom de la reconstruction du pays. Soixante-quinze ans plus tard, dans des circonstances certes différentes, le sort de la nation s'est de nouveau retrouvé en bonne partie entre les mains des nouvelles classes laborieuses. Certaines entreprises, en particulier dans la grande distribution (comme Auchan par exemple), ont annoncé qu'elles verseraient une prime à leurs salariés pour avoir continué de travailler malgré l'épidémie. Ces gestes sont louables et nécessaires. Mais la reconnaissance symbolique et financière devra se poursuivre après le déconfinement et concerner d'autres secteurs. On rappellera qu'après avoir bénéficié d'une forte reconnaissance lors de

1. Voir par exemple Jean-Laurent Cassely et Jérôme Fourquet, « Génération cariste : comment la crise des "gilets jaunes" a révélé le destin des classes populaires », Jean-Jaures.org, 25 février 2019.

la « bataille du charbon » les mineurs virent leurs conditions de vie et leur situation professionnelle se dégrader rapidement ensuite, ce qui donna lieu à des grèves très dures en 1947 et 1948…

L'enjeu de la définition du récit mémoriel dominant

L'enjeu de la reconnaissance symbolique va notamment se fixer, dans les prochains mois et années qui viennent, autour de la question de la mémoire « officielle » de l'événement. Cette période a été vécue, on l'a dit, de manière différente selon les milieux sociaux. Chaque groupe, chaque individu gardera en lui sa propre trace mémorielle, marquée par son expérience vécue. Mais la question qui se posera assez rapidement sera de savoir si une mémoire en particulier prendra le pas sur les autres au niveau collectif, et si oui laquelle. Le rôle des médias et des milieux culturels (cinéma, littérature, etc.) sera déterminant car, dans nos sociétés, ce sont eux qui donnent le « la ». On peut penser que le récit dominant qui émergera sera fortement influencé par l'expérience de ceux qui ont télétravaillé depuis chez eux ou depuis leurs lieux de villégiature. Toute chose égale par ailleurs, nous pourrions alors assister à un phénomène similaire à celui qui fut observé après Mai 68. La lecture dominante qui s'est imposée sur le plan médiatique, culturelle et politique a été celle du Mai étudiant, celui des barricades et des manifestations, puisque bon nombre des participants à l'agitation dans le Quartier latin ont ensuite entamé leur « longue marche à travers les institutions », pour reprendre l'expression du leader étudiant berlinois Rudi Dutschke, et fait carrière dans la presse, le cinéma, l'université, l'édition ou la politique. Cette dimension dans les événements de mai 1968 est évidemment majeure. Toutefois, ce « récit officiel » a eu l'inconvénient de reléguer au second plan le puissant mouvement de grève qui avait mobilisé près de dix millions de travailleurs et conduit à des occupations d'usines et d'entreprises sur l'ensemble du territoire national, donnant lieu parfois à des affrontements violents avec les forces de l'ordre (comme dans les usines Peugeot de Sochaux par exemple), mais aussi à des moments de liesse et de joie partagée. Une enquête de l'Ifop réalisée en 2008 avait montré que chez les ouvriers, quarante ans après, Mai 68 demeurait spontanément associé à ces grèves alors que dans le reste de la population, et particulièrement parmi les cadres et les professions intellectuelles, le mouvement estudiantin s'imposait haut la main. L'avenir dira si la mémoire dominante du « Grand Confinement » fera la part belle aux récits de télétravail dans les appartements des grandes métropoles ou depuis les résidences secondaires ou les maisons de famille (façon *Milou en mai*), ou si le vécu de millions de Français qui ont continué d'aller travailler ou qui ont été mis à l'arrêt aura également droit de cité dans le grand livre de notre histoire nationale.

La nécessaire prise en considération des professions manuelles et exposées

Le débat et la mobilisation sociale provoqués par la réforme des retraites au tournant de l'année 2020 avaient remis en exergue la question de la pénibilité au travail. L'épidémie de Covid-19 a introduit, quant à elle, un nouveau paramètre : celui de l'exposition au risque infectieux. Celle-ci induit une peur spécifique, une précarisation psychologique dont les conséquences ne peuvent décemment être compensées par la seule variable monétaire. À tout le moins, les entreprises devront, dans les mois « post-confinement », s'interroger avec les syndicats – lorsque représentants syndicaux il y a – sur la manière d'accompagner psychologiquement les salariés qui ont pu se sentir bien seuls face au risque, insuffisamment protégés en tout cas par un encadrement d'ailleurs souvent demeuré chez lui, en télétravail. Ainsi, à l'instar de la pénibilité au travail, cette nouvelle problématique du « risque d'exposition » mérite d'être mise à l'ordre du jour des échanges à venir entre partenaires sociaux.

En filigrane, cette crise a par ailleurs posé, comme celle des « gilets jaunes » en partie, une autre question très sensible : celle de la place et de la nécessaire revalorisation symbolique et financière des travailleurs « manuels » ou peu diplômés. Dans ses travaux, Emmanuel Todd insiste sur le fait que le niveau de diplôme est depuis les années 1990 le nouvel élément structurant des sociétés occidentales[1]. En vertu de la nouvelle « stratification éducative » résultant de la démocratisation de l'accès au niveau baccalauréat, les moins ou les non-diplômés occupent les emplois les moins rémunérés, mais souffrent en outre d'une forte dévalorisation culturelle et statutaire. Alors que près de 80 % d'une classe d'âge atteint désormais ce niveau, un jeune ouvrier ou un livreur titulaire d'un certificat d'aptitude professionnelle ne dispose pas aujourd'hui de la même estime de soi qu'il y a trente ans, quand seulement un tiers d'une classe d'âge obtenait le baccalauréat. Le revers de la valorisation et de l'incitation à la poursuite des études a été l'aggravation de la dégradation de l'image des métiers manuels et de ceux qui les

1. Voir par exemple *Où en sommes-nous ?*, Paris, Seuil, 2017.

occupaient. Dans notre société méritocratique basée sur la détention d'un diplôme, la lutte des classes prend de plus en plus souvent la forme d'une opposition entre ce que Christoph Arnade appelle les «*front row kids*» (les bons élèves du premier rang) et les «*back row kids*» (les cancres assis au fond de la classe). L'économie de confinement, en braquant le projecteur sur le rôle important joué dans notre société par les salariés peu diplômés, aura travaillé à la réhabilitation de ces *back row kids* et de ceux que, sur les forums de discussion du type JeuxVideo.com (très fréquentés par le jeune public), on appelle les «désco» (pour déscolarisés[1]).

Mais, si la crise sanitaire a agi comme un «révélateur d'invisibilités», pour reprendre l'expression de Mathieu Potte-Bonneville[2], d'un métier de l'ombre à l'autre, on constate bien des différences… Maryline, vendeuse intérimaire dans une boulangerie-pâtisserie parisienne et qui a continué à travailler sans grande protection au début du confinement, s'est sentie totalement abandonnée, «invisible parmi les invisibles», quand les soignants ont eu «la chance de se voir applaudir tous les soirs», et les personnels des grandes surfaces celle de travailler derrière des vitres en plexiglas. Ce sentiment d'abandon risque de laisser des traces et de réveiller de nombreux sentiments d'injustice, sans pour autant nécessairement déboucher sur des mouvements de protestation collective tant le corps social apparaît fracturé en de multiples lignes de clivage. Les propos de la jeune boulangère illustrent d'ailleurs très bien ce que décrit François Dubet: «La multiplication et l'individualisation

1. Terme désignant plus généralement les personnes ayant quitté le système éducatif précocement et/ou sans avoir eu de diplôme.

2. «Covid-19: "Ne nous attendons pas à un après ressemblant à une aube radieuse"», UsbekEtRica.com, 14 avril 2020.

des inégalités élargissent l'espace des comparaisons et accentuent la tendance à s'évaluer au plus près de soi. En effet, dans ce nouveau régime, les "petites" inégalités semblent bien plus pertinentes que les "grandes"[1]. »

3. Le télétravail en période de confinement : une frontière entre vie privée et vie professionnelle plus brouillée que jamais

Au quotidien, les problématiques, les regains d'optimisme ou d'inquiétude, ont donc varié sensiblement d'une situation à l'autre. Quoi qu'il en soit, pour tous ceux qui ont pu continuer à travailler, le travail est demeuré un repère (notamment temporel) très important, un lien (le plus souvent virtuel) avec l'extérieur, au-delà de leurs proches. Malgré le manque de contact avec les collègues, au-delà des situations « pas toujours optimales avec la hiérarchie », la fonction sociale du travail s'est révélée extrêmement importante en cette période de confinement.

Toutefois, le recours massif au télétravail, non pas à raison d'une ou de deux journées par semaine comme il était généralement pratiqué avant l'épidémie, mais au quotidien et durant toute la durée du confinement, n'a pas été sans poser la question de la délimitation entre vie professionnelle et vie personnelle. À l'occasion de l'épidémie et du confinement généralisé qu'elle a provoqué, le travail est en effet entré de manière massive et subite dans les foyers. Près d'un tiers des salariés ont pratiqué le télétravail durant cette

1. *Le Temps des passions tristes. Inégalités et populisme*, Paris, La République des idées-Seuil, 2019, p. 12.

période, soit plusieurs millions de personnes, et il a souvent fallu s'adapter dans l'urgence voire s'équiper ou s'approvisionner en fournitures. Quelques jours seulement après la mise en place du confinement, 16 % des Français déclaraient ainsi avoir acheté des cartouches d'encre et des ramettes de papier (le même pourcentage envisageant de le faire). 6 % avaient également investi dans un ordinateur – et la même proportion dans une imprimante[1].

Au jour le jour, l'état d'esprit et le vécu des télétravailleurs ont fortement varié, principalement selon le niveau d'activité mais aussi la configuration spatiale et familiale dans laquelle ils évoluaient. Pour les parents, cela aura requis « une réelle discipline » et un partage des tâches plus précis que d'habitude, ce qui est loin d'avoir été évident à mettre en place. Beaucoup se sont rapidement sentis débordés par la situation, surtout dans les familles avec enfants en bas âge, où il a fallu alterner devoirs, jeux de société et réunions en visioconférence avec les collègues : les parents ont souvent découvert qu'ils n'avaient pas la patience requise pour accompagner efficacement leurs enfants dans leur apprentissage, en même temps qu'ils éprouvaient une réelle difficulté à se concentrer sur leur travail, finissant leurs journées totalement harassés. Juliette revient sur les tensions familiales et le stress générés par cette situation, qui, explique cette cadre supérieure dans le secteur privé, n'ont fait que s'amplifier tout au long du confinement : « Ce matin, gros stress en voyant le nombre de mails à traiter car clairement je n'arrive à travailler que deux à trois heures par jour. J'ai travaillé presque toute la

1. Étude Ifop pour Consolab réalisée en ligne du 21 au 23 mars 2020, auprès d'un échantillon national représentatif de 3 011 personnes.

matinée, obligeant mon conjoint à rester avec les enfants, tellement ma charge de travail était lourde. Il n'était pas content, il m'a dit que je le prenais en otage. Mon stress et nos disputes sur qui peut travailler ont recommencé. J'ai retravaillé pendant la demi-heure avant de coucher les enfants. J'ai rapidement lu les histoires à ma fille et je suis directement retournée travailler après avoir pris du pain et du fromage en guise de dîner. J'ai travaillé jusqu'à 23 h 30. » À cela s'ajoutent les conflits avec les supérieurs hiérarchiques, qui ne font pas toujours preuve de la plus grande empathie. Zoé, 33 ans, consultante dans une agence de communication à Paris, rapporte à son tour telle réunion de service au cours de laquelle l'un de ses collègues, père de deux enfants, évoque ses difficultés quotidiennes. « Ma directrice lui dit alors : "J'ai réfléchi, si tu veux venir au bureau pour bosser je te file les clés", ce à quoi il répond : "Et je fais quoi de mes gosses, je les vends ?" Quand elle organise des points pour savoir comment on va, la seule question qu'elle nous pose, c'est : tu as trouvé un bon endroit pour bosser ? Est-ce que tu as une bonne connexion et du bon matériel ? » poursuit-elle.

Les parents de jeunes enfants ne sont cependant pas les seuls à avoir rencontré des problèmes de concentration. Certes, pour les « confinés solitaires » ou pour les couples sans enfants, la poursuite de l'activité professionnelle a souvent été une aubaine, en ceci qu'elle a permis de meubler le quotidien des apparences d'une vie normale. Si certains ont découvert les joies du télétravail et la fin des temps de transport à rallonge, se mettant à rêver d'une généralisation du travail à distance, beaucoup ont eu du mal à s'adapter à ce nouveau contexte. Plusieurs télétravailleurs au sein de notre communauté sont revenus sur ce temps de travail « haché », entrecoupé de pauses, « pour préparer le repas », « écouter les infos », « prendre l'air sur le balcon », mais aussi « pour attendre que la connexion remarche », surtout l'après-midi lorsque le réseau était saturé, ralentissant tout. « Aujourd'hui, je ne suis pas arrivé à me motiver pour travailler. Mais alors pas du tout. Ce matin, j'ai tout fait, sauf mon travail. J'ai pris le temps de faire les courses quand il n'y avait personne dans la rue, j'ai pris le temps de cuisiner, j'ai fait mes propres recherches internet, j'ai aussi lu un petit peu… Bref, j'ai passé du temps pour moi. Ça fout juste un coup au moral en fin de journée quand on s'aperçoit que pas grand-chose n'a avancé, et on culpabilise… », avoue Stéphane, le chef de service villeurbannais, qui a une trentaine d'années. 60 % des salariés en télétravail ont par ailleurs déclaré avoir pratiqué souvent (25 %), ou de temps en temps (35 %), des activités de loisirs à des moments où ils auraient dû « logiquement » ou « normalement » travailler (mais la « norme » a été, on le sait, très perturbée durant cette période). La proportion est nettement plus élevée chez les plus jeunes : il sera arrivé à 71 % des télétravailleurs de moins de 35 ans de se livrer à des activités de loisirs pendant les heures dites de bureau, dont 40 % « souvent ». Cela a également été le cas pour 59 % des 35-49 ans et pour 51 % des 50 ans et plus. On notera d'ailleurs que, dans l'ensemble de la population (actifs et inactifs), 6 % des sondés avaient acheté des jeux vidéo dès les premiers jours du confinement et 5 % envisageaient de le faire dans les semaines à venir…

L'organisation du télétravail pendant le confinement aura été rendue fort complexe par tout un jeu de contraintes dont il a été fait état plus haut. D'où, souvent, une baisse de motivation et, à l'occasion, le surgissement d'une nouvelle forme de stress, alimentée par des managers suspicieux, doutant de l'implication de leurs équipes. Ainsi, même dans les secteurs habitués à pratiquer ces nouvelles formes d'organisation du travail fondées sur l'autonomie des collaborateurs, le passage de l'activité en mode confinement a pu s'accompagner de l'instauration d'un climat extrêmement pesant. « Alors que d'habitude nous faisons une réunion hebdomadaire chaque lundi matin, nous faisons désormais une réunion chaque matin, à 9 heures bien sûr, sinon c'est pas drôle, avec la vidéo si possible – il ne manquerait plus qu'on soit en pyjama, précise Zoé. Après avoir vu que nous étions un peu stressés, notre directrice nous a demandé de réfléchir à des règles pour l'utilisation des moyens de communication car, pendant le confinement, c'est festival, elle envoie, en même temps, du WhatsApp, des textos, des appels, des mails, bref, tous les moyens sont bons pour nous contacter. On lui dit textos et WhatsApp uniquement entre 9 heures et 19 heures. Résultat, elle n'a rien compris et envoie des textos sans problème à 7 h 30 ou 20 h 30. »

Il y a fort à parier qu'entre la baisse de motivation, le stress supplémentaire et les effets psychologiques liés au confinement, l'intrusion massive du travail dans la vie privée des actifs confinés laissera quelques traces au sein des équipes, y compris au sein de la « *start-up nation* » chère au président de la République, et qu'il faudra sans doute en tenir compte au moment du « retour à la normale ».

4. Les « blouses blanches » : de la mobilisation héroïque à la remise en cause du fonctionnement actuel de l'hôpital ?

Au corps-à-corps avec le virus

À l'hôpital, épicentre de la crise sanitaire, les pratiques et les protocoles ont été bousculés pour faire face à l'afflux de malades et anticiper les insuffisances matérielles, exposant parfois les premières-lignes au risque d'infection. Le décès médiatisé d'un premier médecin le 21 mars, soit quatre jours après le début du confinement, avait déjà interpellé l'opinion publique. La question de l'exposition du personnel soignant a ensuite gagné en intensité, notamment après la publication d'un certain communiqué de presse de l'Académie de médecine qui s'inquiétait, à la mi-avril, que « de plus en plus d'hôpitaux fassent état de contaminations du personnel soignant », un phénomène représentant « le point aveugle de l'épidémie » selon l'institution[1]. Pour Sophie, professeure dans une école d'infirmière venue aider une équipe de cadres de nuit au sein d'un hôpital de la région lyonnaise, ce constat n'a rien de surprenant : « C'est logique, au milieu du mois d'avril on était pile dans les délais d'apparition des symptômes chez les soignants qui ont été mal protégés au début de l'épidémie. Dans notre hôpital, c'est là que nous avons commencé à avoir des problèmes d'effectifs dans certains services, c'était plus compliqué pour les plannings. » Le manque de masques chirurgicaux et de blouses a en

1. « Un point aveugle de l'épidémie Covid-19 : la transmission nosocomiale au personnel soignant » (communiqué), Academie-medecine.fr, 14 avril 2020.

effet conduit les cellules d'hygiène à revoir les protocoles habituels, jour après jour. « Un coup il a fallu utiliser tel masque, puis finalement un autre, après on nous a dit qu'il fallait le porter quatre heures, puis huit heures, etc. On a vite compris ce que ça voulait dire... », raconte Sophie. Pour faire face, le « système D » a parfois pris le pas sur les mesures de protection classiques. « C'est de la médecine de crise : on a décidé d'utiliser des sacs-poubelle en guise de surblouse. Imaginez l'effet que ça produit chez des patients déjà inquiets quand ils voient débarquer toute une équipe médicale comme ça ! » s'exclame Pierre-Étienne, un interne en chirurgie affecté dans une unité de soins intensifs Covid-19 à Paris. En dépit des solutions improvisées, de nombreux soignants se sont soudainement découverts vulnérables face à la maladie. « C'est la première fois que je me sens concerné par une maladie à l'hôpital. En tant que médecin, normalement, on n'a jamais peur. C'est complètement nouveau et, pourtant, j'ai l'habitude d'être en contact avec des maladies contagieuses graves », poursuit Pierre-Étienne.

Au-delà de la menace de contamination, les soignants ont aussi été exposés aux nombreux drames liés à l'épidémie, et notamment à la terrible question de la « hiérarchisation » des patients pour les admissions en réanimation, que tous ont redoutée : « Je n'ai pas prêté serment pour ça ! » explique Léonard, un jeune réanimateur parisien soulagé « d'avoir pu accueillir tout le monde » grâce à la solidarité inter-hospitalière. L'accès aux salles de réanimation a cristallisé l'attention du public, mais il ne faut pas négliger non plus les difficultés rencontrées pour accueillir les patients malades à l'hôpital, souvent renvoyés chez eux malgré la peur éprouvée de contaminer ses proches. « En temps normal, il y a beaucoup de personnes testées Covid +

que j'aurais prises à l'hôpital sans me poser de question, mais on n'a pas assez de places. C'est difficile de leur dire : "Rentrez chez vous", alors qu'ils ont peur, surtout pour leurs familles. On me pose des questions : comment je fais avec ma femme asthmatique, etc. Je n'ai pas de solution pour eux, c'est pénible à annoncer [...] et, pour moi, c'est nouveau d'avoir à se poser la question de la place disponible », admet Léonard. Pour de nombreux soignants, même les plus expérimentés, la crise du coronavirus aura été l'occasion de se confronter à un nombre incalculable de « premières fois ». Il aura fallu aussi réapprendre ce qui semblait pourtant acquis : « D'habitude, je n'ai pas de problème pour annoncer un décès aux familles, je suis complètement blindé de ce côté-là, mais aujourd'hui c'est très différent, les personnes meurent seules, c'est vraiment triste », raconte Alexandre, un médecin anesthésiste-réanimateur du centre hospitalier universitaire de Besançon.

La transformation des hôpitaux en temps de crise

Comment faire face ? La principale source d'énergie aura sans doute été l'élan collectif qui a animé le monde médical pendant la durée de la crise, une entraide qui a pu surprendre dans un univers aussi fragmenté que l'hôpital. « C'est incroyable, pour la première fois toutes les spécialités se parlent et travaillent ensemble [...]. Avec des collègues, on a réussi à se disputer pour des jours de repos que personne ne voulait prendre : tout le monde a envie d'aider ! » s'exclame Alexandre. En outre, dans les moments pénibles, il existe là aussi des mesures « barrière » spécifiques pour se protéger – les décisions ont notamment été plus que jamais collégiales dans les services de réanimation les plus touchés.

« Personne ne doit avoir à supporter le coût moral tout seul d'une décision d'admission en réa, on décide avec dix médecins », explique Léonard. Parfois, des règles plus ou moins explicites ont été établies pour éviter d'avoir à faire des choix difficiles : « On fixe une limite d'âge par exemple, ça permet aussi d'éviter les hésitations parce que chaque patient est unique. Certains sont des proches de gens qui travaillent à l'hôpital, mais il faut pouvoir rester neutre », précise-t-il. Plus largement, beaucoup ont fait aussi le constat que l'heure n'était pas aux questionnements ou aux remises en question. « On a beaucoup parlé de guerre, c'est un peu ça : on est dans l'action pour le moment, on se posera les questions après, ajoute Léonard. Je sais que c'est plus difficile le soir pour certains, justement quand il n'y a plus les patients. » Le soir, c'est aussi l'heure des applaudissements, qui, peut-être, ont su apporter un peu de réconfort à ces professionnels. « Quand je pars faire mes nuits, il est 20 heures et je dois longer une grande avenue. Tout le monde est à sa fenêtre, j'ai l'impression d'être la reine d'Angleterre ! » raconte Alexandre.

Pour accueillir l'afflux de malades, les hôpitaux se sont considérablement transformés pendant la crise. Les soignants ont ainsi pu faire l'expérience d'un hôpital entré dans un régime d'exception. La mutation des hôpitaux a d'abord été spatiale : « C'est comme si on avait poussé les murs », observe Alexandre. L'augmentation fulgurante du nombre de lits de réanimation, portés à plus de quatorze mille sur le plan national contre environ cinq mille en temps normal, a représenté l'une des grandes victoires du système de santé pendant la crise. « C'est incroyable quand on sait que, normalement, il faut trois jours et quinze coups de tampon pour un lit en plus. Là, on a augmenté les lits de 10 % par jour, ça nous a permis d'accompagner la vague et même de soulager des hôpitaux du Grand-Est qui ne sont pas très loin », poursuit Alexandre. Beaucoup font remarquer que ces mutations ont été rendues possible parce que chacun y a mis du sien, preuve supplémentaire qu'un état d'esprit inédit a pris ses quartiers dans le milieu hospitalier. « Faire accepter ça à des chirurgiens drogués à leur boulot, leur dire de rester chez eux pendant deux mois sans être payés ou de venir aider à brancarder des patients aux urgences, je n'aurais pas parié là-dessus, mais tout le monde a joué le jeu », admet le médecin réanimateur.

La métamorphose des hôpitaux aura aussi comporté une forte composante sociale : les hiérarchies traditionnelles, pourtant particulièrement marquées dans le monde médical, ont été clairement ébranlées par l'épidémie. Comme le rappelle Léonard : « L'hôpital, c'est un monde à part, avec énormément de hiérarchies [...]. Tu te retrouves très vite face à des personnes qui ont facilement le double de ton âge et qui sont quatre niveaux en dessous de toi. C'est très marqué, et on partage tous cette culture. » De la même manière que le confinement a soudainement mis en lumière le caractère essentiel des travailleurs de la « deuxième ligne » dans la société, tels que les livreurs ou les caissières, un phénomène identique s'est produit à l'hôpital sous l'effet de la prise de conscience de l'importance décisive des « paramédicaux » dans la crise. « Ici aussi, témoigne le jeune réanimateur, on s'est rendu compte que les personnes les moins bien payées jouaient un rôle central : les infirmières, les aides-soignantes ou les brancardiers n'ont jamais été aussi essentiels. »

Cette révolution des statuts à l'hôpital s'explique d'abord par le caractère massif de l'afflux de malades, qui aura sollicité bien plus les bataillons de paramédicaux que les médecins-chefs, mais aussi par les spécificités cliniques de cette maladie « qui requiert beaucoup de soins ». Comme le dit Léonard : « Il se passe toujours quelque chose avec les patients Covid-19. » « En tant que médecin, rappelle Alexandre, ma valeur ajoutée, c'est surtout le diagnostic, mais aujourd'hui tout le monde a la même chose. Ce qu'il nous faut aujourd'hui, ce sont des bras et du soin : les infirmières et les aides-soignantes se retrouvent au premier plan dans cette crise, c'est d'elles dont les patients ont le plus besoin, bien plus que de nous, les médecins. »

Ainsi, si l'hôpital a su faire face à un afflux inédit de patients, c'est au prix d'une mise entre parenthèses des procédures tatillonnes et d'un assouplissement de son fonctionnement très hiérarchisé. Alexandre explique, par exemple : « Si nous avons réussi à transformer l'hôpital, je pense que c'est aussi parce qu'on a mis beaucoup d'"administratifs" en télétravail. Le médical a un peu repris le contrôle, les chaînes de décisions étaient plus courtes, tout allait plus vite [...]. Cette expérience pourra être utile pour l'hôpital de demain. » Annie, infirmière dans un petit hôpital public en Mayenne, nous dit par ailleurs : « Habituellement, comme nous sommes passés en GHT[1] depuis 2016 pour faire des économies, on ne décide de rien. C'est un sous-directeur qui vient chez nous trois jours par semaine, qui ne peut rien décider quand on

1. Depuis le 1er juillet 2016, les directeurs généraux des agences régionales de santé ont arrêté la liste et la composition des groupements hospitaliers de territoire (GHT) dans leurs régions respectives. 891 hôpitaux ont été regroupés en 135 GHT, qui comportent chacun entre deux et vingt établissements. Le site ars.sante.fr nous donne cette définition : « Les groupements hospitaliers de territoire, dispositif prévu par la loi de santé 2016, sont un nouveau mode de coopération entre les établissements publics de santé à l'échelle d'un territoire. La coopération autour d'un projet médical partagé doit permettre aux établissements de santé de soigner mieux et à moindre coût. »

a besoin de quelque chose sans le faire valider avant par l'hôpital référent à Laval auquel nous sommes rattachés. C'est la procédure, lui-même n'y peut pas grand-chose. On compte tout. Si on veut acheter du matériel mais que ce n'était pas prévu par le GHT, on doit se débrouiller. On a par exemple récupéré nos surblouses sans manches longues dans les cuisines. Là, en ce moment avec le coronavirus, on est plus pragmatiques. Ça avance plus vite. Mais on reste quand même les parents pauvres par rapport aux grands hôpitaux, on a toujours nos surblouses des cuisines pour nous protéger, et chez nous les circuits "Covid" sont quasi impossibles à faire car on n'a qu'une seule porte d'entrée. Mais l'administration hospitalière nous laisse faire un peu plus, car de toute façon personne n'a le choix… »

C'est ainsi que, dans le climat d'urgence généré par l'épidémie, les exécutants et l'encadrement intermédiaire ont fait preuve, par la force des choses, d'esprit d'initiative et de débrouillardise en s'affranchissant des carcans habituels. Ils ont goûté à l'autonomie, et tous ont pu constater que ce fonctionnement beaucoup plus réactif et souple a permis de relever le défi et de sauver de nombreuses vies en « poussant les murs » et en « faisant tomber les barrières ». Cette expérience intense et grisante va pousser toute une partie du personnel hospitalier à s'interroger sur la façon de pratiquer le métier. Le retour au mode d'organisation traditionnel et à la tutelle des managers ne se fera pas sans douleur, crispation, ni frustration, et les organigrammes n'en sortiront pas indemnes. Si, à l'hôpital comme ailleurs, la reconnaissance financière des efforts fournis par les « premières-lignes » sera indispensable une fois l'épidémie endiguée, les directions et les ressources humaines devront pratiquer des « retex » (retours d'expérience) et sans doute réfléchir au redéploiement des relations hiérarchiques et de l'organisation du travail au quotidien.

Dans le monde hospitalier, mais sans doute aussi dans de nombreuses entreprises, la crise du coronavirus a constitué une sorte d'épreuve du feu qui a mis à nu les dysfonctionnements et les pesanteurs structurels. En ce moment de vérité, des talents, des capacités d'organisation et d'improvisation ont également jailli des lieux où on ne les attendait pas. De tout cela, il faudra se souvenir et tirer profit.

5. Boucher qui sourit, boulangère qui pleure : les métiers de bouche à l'épreuve du confinement

Parallèlement aux blouses blanches, d'autres professionnels ont donc tenu leur poste dans la bataille contre le Covid-19. Parmi eux, on compte notamment les actifs travaillant dans le secteur du commerce alimentaire. Les deux témoignages suivants, l'un d'une boulangère, l'autre d'un boucher, montrent ce qu'a été leur vécu pendant cette période si particulière. On constate, à la lumière de ces récits, que malgré le fait qu'ils travaillent dans le même univers leurs expériences ont été très différentes et que la crise du coronavirus a eu des effets très variables d'un secteur à un autre. À la sortie de cette crise, la situation économique des entreprises sera donc très contrastée et nécessitera un accompagnement public sur mesure.

« On a l'impression d'être des profiteurs de guerre »

Pour une partie des commerces de bouche, comme les boucheries-charcuteries, les poissonneries ou les primeurs et les fromageries encore ouverts, la période de confinement s'est souvent accompagnée d'une hausse importante du chiffre d'affaires. « On est en train de faire un deuxième mois de décembre ! » s'exclame Alexis, employé dans une boucherie-charcuterie située dans un quartier aisé de Lyon, qui a dû doubler son approvisionnement pendant la crise et a pu engager le remboursement anticipé d'un crédit. À l'instar des autres circuits de distribution, la hausse des ventes a été particulièrement spectaculaire pendant les premiers jours du fait de la tentation pour de nombreux clients de faire des stocks, quand planait encore l'incertitude sur les éventuelles pénuries alimentaires ou sur un possible renforcement des consignes de restriction des déplacements : « Tous les matins en arrivant, j'avais vingt personnes qui attendaient devant la boutique, ça a duré pratiquement deux semaines avant que les gens comprennent qu'on n'avait aucun problème d'approvisionnement. » Le panier moyen s'est ensuite normalisé au fil des semaines, mais il est resté conséquent sous l'effet notamment du temps disponible pour cuisiner et du regroupement des familles au sein d'un même logement : « Les gens passent leur temps à cuisiner […], on vend moins de steaks et de cuisses de poulet, plus de viandes à faire mijoter, des plats en sauce pour les repas familiaux. » Plus largement, avec la fermeture des restaurants et du « marché d'à côté », le report de clientèle a été conséquent pour cette boucherie de centre-ville qui ne vend « que de la viande bio », un label particulièrement prisé pendant le confinement.

Certains commerces, comme celui d'Alexis, ont également beaucoup profité du surcroît de pouvoir d'achat des Français, dont les sorties ont été limitées à l'« indispensable », un phénomène qui a pu susciter un peu de culpabilité. « On a un peu l'impression d'être des profiteurs de guerre : tout cet argent qui arrive, c'est celui qui ne va plus ailleurs et qui va mettre des gens en difficulté. » Pour ce boucher, dont un grand nombre de clients ont soudainement vu leur avenir professionnel s'assombrir, ces nouvelles rentrées d'argent auront été le signe d'une période difficile à venir, et pour tout le monde cette fois-ci.

Les pratiques professionnelles ont sensiblement évolué pendant la crise : il a fallu s'adapter aux nouvelles contraintes d'hygiène et l'acte d'achat est devenu plus long. « Il faut nettoyer la machine à carte bleue après chaque client, avant et après », et même plusieurs semaines plus tard le port du masque reste toujours aussi problématique : « C'est encombrant et on respire mal, je ne sais pas comment ils font à l'hôpital. » Les contraintes sanitaires sont pourtant restées moins gênantes qu'ailleurs dans les boucheries, boutiques déjà soumises à des normes d'hygiène plutôt strictes. Ces commerces, déjà équipés en vitrines par exemple, ont rarement eu besoin de réorganiser leurs espaces de vente pour accueillir les clients. Néanmoins, à l'instar des autres commerces « indispensables », la fatigue engendrée par le flot continu de clients s'est fait durement ressentir : « Il n'y a plus de "temps mort" contrairement à d'habitude, il y a toujours quelqu'un dans la boutique. À la fin de ma semaine, je sens que j'ai trop travaillé, je suis vraiment KO. » Mais paradoxalement, en dépit de la fatigue et des nouvelles contraintes sanitaires, cette période particulière aura aussi été l'occasion de se rapprocher de l'idéal professionnel pour ces artisans des métiers de bouche très attachés à la dimension relationnelle de leur métier. Les rythmes de vie ayant été considérablement ralentis, les clients se sont révélés « moins pressés » que d'habitude, et surtout bien plus enclins à discuter dans un contexte de vie sociale plus que jamais réduite ou dématérialisée : « Certains me disent : "Vous êtes la seule personne à qui je parle aujourd'hui." Forcément ils sont plus contents que d'habitude. » Les mesures de restriction du nombre de personnes présentes dans les boutiques, en favorisant l'instauration d'un espace d'échanges plus adapté, auront sans doute aussi beaucoup contribué à favoriser ces interactions : « Les autres attendent dehors, donc quand on est tout seul avec un client il parle plus facilement, il pose des questions, il s'intéresse, je peux le conseiller sur les viandes [...]. Ça va me manquer à la fin du confinement, j'ai l'impression de vraiment faire mon métier. » Toute la question est de savoir si ces nouveaux liens que les Français ont tissés avec les commerçants résisteront durablement au terme de la crise sanitaire, ainsi qu'à la crise économique annoncée.

« Le Français a encore besoin de sa baguette... mais ma patronne a perdu la moitié de son chiffre d'affaires »

L'expérience de Maryline, l'employée d'une boulangerie-pâtisserie parisienne, a été sensiblement différente. La jeune vendeuse a vu les longues files d'attente des premiers jours se réduire progressivement : « Quand on a annoncé le confinement, il y avait beaucoup de monde, je n'avais jamais vu ça. Les gens achetaient beaucoup de pain pour faire des stocks. » Un mois plus tard, les entrées sont moins nombreuses et plus espacées dans le temps. C'est que le ralentissement du rythme de vie a pesé sur les horaires de fréquentation dans un secteur, le XVIe arrondissement de la capitale, qui habituellement fonctionne par « périodes de *rush* », explique Maryline. « Maintenant, les gens viennent surtout dans l'après-midi. Certains me disent : "Le meilleur moment pour venir, c'est après la sieste, on vient chercher le goûter." »

Son établissement a dû s'adapter à ce nouveau rythme : « La journée, on la commence plus tard et on ferme plus tôt le soir, on alterne un jour sur deux pour qu'il n'y ait que deux vendeuses qui soient là. » En parallèle, Maryline a constaté qu'une partie des clients habituels avait disparu – « peut-être dans leurs résidences secondaires », imagine-t-elle. On sait que, la veille du confinement, des centaines de milliers de Parisiens, dont une forte proportion de résidents du centre et de l'ouest de la capitale[1], ont quitté la ville. Située dans un quartier résidentiel, la boulangerie dans laquelle exerce Maryline a tout de même pu compter sur les familles qui, depuis la fermeture des bureaux, composent l'essentiel des clients : « On voit surtout des familles avec leurs enfants, des mères avec leurs poussettes, mais également des personnes âgées. On a de la chance de pouvoir ouvrir. Les boulangeries situées dans les secteurs de bureaux où il n'y a pas ou peu d'habitations ont fermé. » Si les clients viennent la plupart du temps pour « renflouer les stocks », les visites à la boulangerie sont souvent l'occasion aussi, en particulier pour les familles vivant en appartement, de prendre l'air : « Il y a des gens qui sortent trois fois par jour, tu les vois le

1. Danièle Giazzi, maire du XVIe arrondissement, évoquait une diminution de 15 à 20 % de la population dans son arrondissement (citée par « Coronavirus : en une semaine, l'Île-de-France s'est figée », LeMonde.fr, 21 mars 2020).

matin, le midi et le soir pour trois morceaux de baguette différents. Il y a aussi des femmes qui s'arrêtent pour parler, elles nous racontent que c'est compliqué avec les enfants. » Petit à petit, certains ont même repris leurs habitudes. « La dernière fois, un monsieur assez âgé est venu pour acheter une seule baguette. On lui a conseillé d'en acheter plusieurs et de les stocker pour limiter ses déplacements. Il nous a répondu qu'il ne mangeait que du "pain frais". Confinement ou pas, le Français a encore besoin de sa baguette ! » raconte Maryline, avant de poursuivre : « Il y a des jours où on a l'impression d'être en été. Parfois, tu te demandes si les gens ont bien compris ce qui se passe ! »

Mais, si le rythme est au ralenti, les journées paraissent pour autant plus éprouvantes : « Les conditions de travail sont plus fatigantes. Je ne travaille pas plus qu'avant mais il faut être beaucoup plus attentif à tout ce que tu fais. C'est beaucoup plus de consignes de sécurité, de pression et de fatigue. »

Depuis le début du confinement, Maryline a dû, comme tous les actifs en contact avec le public, se conformer à de nouvelles habitudes de travail pour respecter les normes sanitaires : le port du masque et des gants est devenu obligatoire pendant les heures de service, de même que le lavage des mains avec du gel et le nettoyage du matériel et du local plusieurs fois par jour. Pour accélérer l'acte d'achat, et éviter ainsi les regroupements dans la boulangerie, il a fallu renoncer à certains gestes du quotidien : « Il faut se dépêcher pour ne pas que les gens s'entassent. Il y a des choses qu'on ne fait plus. Pour éviter que les gens attendent trop longtemps, on ne coupe plus le pain en deux par exemple : c'est tout bête, mais ce sont des petites choses comme ça. » Si elle s'est vite habituée à ces nouvelles contraintes, le port du masque s'est avéré particulièrement compliqué : « Travailler avec des gants, ça va, mais, avec un masque, c'est plus difficile. Les gens ne comprennent pas toujours quand on leur parle. C'est un peu angoissant et c'est compliqué quand tu t'agites. Normalement, c'est pour des médecins. Eux, ils sont assez statiques. Quand ils font une opération, ce n'est pas un marathon. Nous, on ne s'arrête pas de bouger, on transpire. Et avec un masque, ta respiration, c'est pas pareil. »

En parallèle, la boulangerie s'est vidée de la moitié de ses effectifs : « Sur six vendeurs, on est plus que trois. Les trois autres se sont arrêtés car ils sont à risque. » À effectif réduit, les périodes d'affluence, bien que rares, comme le week-end de Pâques, ont été plus difficiles. Quand il y a du monde dans la boulangerie, « on sent bien que ça met tout le monde à cran », raconte Maryline : « Pour le week-end de Pâques, il y a eu du monde. C'était compliqué ! Les gens ont commencé à se crier dessus. » Ce week-end-là, les rapports avec les clients, qui se sont montrés plus regardants sur le respect des normes d'hygiène que d'ordinaire, se sont alors tendus : « Les gens ont cette exigence, ils font attention à tout ce que tu fais. La dernière fois, une femme m'a demandé si on n'avait pas un masque à prêter au boulanger, qui avait enlevé le sien. Tout est plus pesant. Ils te demandent une telle vigilance que, même toi, tu finis par être angoissée. Y a des gens qui te disent qu'ils ont lavé leurs pièces au gel hydroalcoolique, quand même ! »

Si la fréquentation s'est maintenue, les ventes ont considérablement baissé. « C'est une chute totale, explique Maryline. En général, les paniers moyens, c'est 50 ou 70 euros. On est dans le XVIe, les gens sont moins regardants sur les prix. Mais là on ne vend plus de gâteaux, et comme on chiffre là-dessus… c'est une perte. Là, on a de la chance parce qu'on vend du pain, mais ma patronne a perdu la moitié de son chiffre d'affaires. » Même la période de Pâques, pourtant très attendue pour compenser les pertes liées au confinement, n'a pas permis de redresser les chiffres : « Normalement, pour Pâques, on prévoit cent soixante-dix gâteaux. Là, on en avait prévu que soixante-dix, et on ne les a même pas tous vendus. »

Pendant le confinement, le secteur de la boulangerie-pâtisserie a dû composer : d'une part avec les changements dans les habitudes de consommation des Français, qui ont privilégié les grandes et moyennes surfaces ou les commerces de proximité pour faire leurs courses, et d'autre part avec la tendance au « fait maison », qui a contribué à la baisse des ventes en pâtisserie. Pour s'y adapter, si certaines boulangeries ont diversifié leur offre en proposant notamment des « kits » pour faire soi-même son pain à la maison, la gérante de la boulangerie-pâtisserie dans laquelle travaille Maryline ne s'y résout pas, parvenant encore à trouver un équilibre entre la baisse des effectifs, la baisse de la fréquentation et la vente du pain. Mais l'inquiétude est grande pour les prochains mois : « Comment on va faire pour après ? Est-ce que les gens vont racheter des gâteaux ? Les gens dépensent tout leur argent dans les grandes surfaces et ils gagnent moins après. » Maryline mesure la chance qu'elle a d'exercer dans un secteur qui, selon elle, sera moins touché par la crise économique qui se profile : « Pour l'avenir, je ne m'inquiète pas parce qu'en intérim j'aurai toujours du travail, surtout en boulangerie. C'est bien le dernier truc qui fermera en France ! »

CHAPITRE V

Ce que cette épreuve dit de notre société

1. Covid-19 : antidote ou révélateur de l'archipelisation de la société ?

Le réveil de la solidarité

Partout en France, tout au long du confinement, de nombreuses actions de solidarité ont été enregistrées. Elles sont venues de toutes parts : particuliers, associations, entreprises, communes. Les applaudissements à destination de soignants, à 20 heures à la fenêtre, en ont constitué le meilleur exemple, le plus manifeste. Tous nos participants les ont perçus comme le signe d'un élan collectif et fédérateur face à la crise sanitaire. On se souviendra aussi de toutes ces entreprises reconverties dans la fabrication de masques, de surblouses et de matériels de protection, ces restaurants livrant des repas aux soignants ou aux personnes âgées isolées. Les associations ont été plus actives que jamais, notamment dans les quartiers populaires, pour lutter contre l'isolement et contre la faim qui commençait à se faire sentir une fois les économies dépensées. Les citoyens n'ont pas été en reste, organisant eux-mêmes des réseaux de solidarité locaux. Alex, 24 ans, qui vit à Florange, en Moselle, raconte ainsi comment sa mère pharmacienne a reçu de nombreux cadeaux de la part de ses clients : « Des masques faits maison, des gâteaux, toute sorte de nourriture, etc. »

Pour prendre la mesure des réactions suscitées et savoir si l'altruisme a vraiment été « dopé » par cette crise sanitaire majeure, l'observation des pratiques de dons est un bon indice. De nombreuses associations ou organisations faisant appel à la générosité du public, comme la Croix-Rouge, l'institut Pasteur, ou bien encore la Fondation pour la recherche médicale, ont lancé des appels aux dons durant cette période. Et d'après une enquête menée pour l'agence de communication Limite, qui accompagne de nombreux acteurs dans le secteur caritatif, une partie des Français ont rapidement répondu présents[1]. 37 % des sondés ont ainsi déclaré donner de l'argent régulièrement ou de temps en temps à une ONG, alors que le taux n'était que de 32 % dans une enquête de décembre 2019. Hormis cette progression du nombre de donateurs, un autre élément plaide en faveur de cette hypothèse. Ainsi, parmi ces derniers, 40 % déclarent avoir fait un don en lien direct avec le Covid-19 (aide aux plus démunis pour faire face à l'épidémie, soutien à la recherche médicale ou au personnel soignant). Le fait que le nombre de donateurs ait augmenté en quelques mois et que quatre sur dix d'entre eux aient donné sur ce motif confirme que cette crise a suscité un véritable élan de solidarité dans la population. Autre indice de ce phénomène, dans l'enquête de décembre 2019, des événements marquants avaient également suscité les dons, mais dans des proportions moins importantes : 27 % des donateurs avaient ainsi donné à la suite de l'incendie de Notre-Dame de Paris, 18 % pour venir en aide aux sinistrés

1. Enquête Ifop réalisée en ligne du 1er au 5 avril 2020, auprès d'un échantillon national représentatif de 2 029 personnes.

des intempéries dans le Sud de la France, et 15 % dans le sillage des marches pour le climat. Avec 40 % de donateurs à l'occasion de l'épidémie, la lutte contre le Covid-19 a eu un impact nettement plus puissant que les autres « grandes causes » qui avaient occupé l'actualité l'année précédente. On notera par ailleurs que, parmi les donateurs, ce sont les plus jeunes (moins de 35 ans) qui se sont davantage mobilisés.

Derrière cette forte mobilisation et ces élans de solidarité, certains se sont mis à rêver d'un retour du « collectif » dans notre société, d'un changement de regard sur les « autres ». Parce que nous vivions cette épreuve collectivement, pour faire bloc face au virus, nous en sortirions plus unis, plus soucieux les uns des autres. De nombreux témoignages viennent, cependant, introduire le doute sur ce point.

« L'enfer, c'est les autres »

Tous confinés, mais pas tous égaux face au confinement.

L'épreuve était collective, mais elle a été vécue sur un mode distancié, caractérisé par le repli sur la sphère privée, et dans des conditions qui ont réactivé de nombreuses lignes de fracture entre ceux qui ont de l'espace à la maison et ceux qui n'en ont pas, ceux qui ont pu garder leur travail et ceux qui l'ont perdu, ceux qui sont parvenus à se protéger et ceux qui ont continué à être exposés, etc. Ce tableau vient en partie mettre à mal l'image d'une France qui aurait fait bloc face à l'épidémie. Par ailleurs, si la peur est collective, cette crise a cela de particulier qu'elle aura fait de chacun de nous une éventuelle victime en même temps qu'un potentiel bourreau, ce qui aura généré une défiance instinctive les uns vis-à-vis des autres. Durant toute la période du confinement, les propos peu amènes se sont multipliés sur ceux qui ne respectaient pas les règles, qui n'observaient pas la bonne distance dans les supermarchés, et que l'on rendait ainsi responsables de la propagation du virus...

Le 19 avril, le Premier ministre, Édouard Philippe, a insisté sur le fait que « notre vie, à partir du 11 mai, ne sera pas exactement la vie d'avant le confinement ». Et précisément, la perspective du déconfinement suscite alors de nombreuses inquiétudes. Certains se préparent à un virage culturel important autour de l'adoption généralisée des « gestes barrière » dans la durée. Le port du masque ne fait pas peur. Mais la distanciation sociale, elle, donne lieu à plus d'appréhension, tant elle paraît contraire aux usages dans nos sociétés latines. Cependant, au-delà des « gestes barrière » et de leurs conséquences sur nos modes de vie, le déconfinement annonce surtout l'ouverture d'une période, à durée indéterminée, de cohabitation avec le virus. Or ce virus constitue un ennemi invisible, dont chacun peut être porteur sans le savoir. Le cadre est posé. Et cela suffit pour anticiper les difficultés dans le rapport aux autres et les tensions futures au sein de la société.

Certains, comme Khaled, le directeur d'agence de Roubaix, s'interrogent : « Allons-nous entrer dans une société complètement sur la défensive, à tendance parano ? » Pour d'autres, la réponse était déjà toute trouvée. En anticipant le 11 mai, Sabrina, l'archéologue de Troyes, qui a une trentaine d'années, donne raison à Jean-Paul Sartre : « L'enfer c'est les autres ! » « Je pense que ce type de crise ne fait qu'exacerber les comportements. Les gens altruistes le seront encore davantage, et les égoïstes également. Le monde ne sera pas meilleur à cause du Covid-19. On aura tout le temps à l'esprit ce maudit virus, on va devoir éviter les autres, bonjour la sociabilité ! » argumente-t-elle. Ces réflexes de méfiance rappellent ceux que l'on avait observés après les attentats, à cette différence près qu'ils risquent d'être décuplés dans la situation actuelle. «Nous allons nous méfier des autres en permanence», affirme une retraitée parisienne. L'angoisse d'être confronté aux «autres», à ceux qui ne respecteront pas les «gestes barrière», est déjà palpable dans certains témoignages recueillis fin avril. «Il y aura toujours un abruti qui voudra sortir par la porte d'entrée, provoquant un face-à-face susceptible d'être fatal», s'exclame Régis, un agent administratif qui vit dans les Bouches-du-Rhône. Mathias Depardon, photoreporter qui est allé à la rencontre des Français confinés, le sent bien quand il rapporte au journal *Libération* le récit de son expérience: «J'interviewais ceux que je photographiais, ne serait-ce que par besoin d'échange, mais les gens ne se laissent pas approcher facilement aujourd'hui, il y a un mélange de psychose et de susceptibilité. Tout le monde est suspicieux vis-à-vis de tout le monde, ça demande un effort supplémentaire[1].» D'après le baromètre de la confiance politique du Cevipof, début avril, 65 % des Français adhèrent à l'idée qu'«on n'est jamais assez prudent quand on a affaire aux autres»[2]. Si l'on observe une très légère baisse de ce sentiment de défiance (– 1 point) par rapport à la précédente vague du baromètre, réalisée en février, soit avant la crise du Covid-19, la comparaison avec ce qui passe en Allemagne et en Grande-Bretagne est éloquente: 51 % des Allemands (14 points d'écart avec la France) et 47 % des Britanniques (18 points d'écart) pensent aussi qu'«on n'est jamais assez prudent quand on a affaire

1. Cité par «Nationale 7: voyage aux confins de la France», Libération.fr, 24 avril 2020.

2. Vague 11 *bis* réalisée par OpinionWay en partenariat avec la Fondation Jean-Jaurès du 2 au 15 avril 2020, en France, en Angleterre et en Allemagne. Voir «En qu(o)i les Français ont-ils confiance aujourd'hui?», Jean-Jaures.org, avril 2020.

aux autres». Le vivre-ensemble risque ainsi d'être mis à rude épreuve chez nous. Et cette prise de conscience alimente un fort pessimisme sur «l'après». Certains, comme Jean-Louis, le Parisien de 58 ans, osent cependant espérer qu'à rebours de cette méfiance généralisée «les élans de solidarité et de soutiens ne seront pas oubliés trop rapidement...».

Les clivages sociopolitiques n'ont pas disparu

Tout se passe ainsi comme si l'épidémie et le confinement qui en a découlé n'avaient pas modifié, tant s'en faut, les profondes lignes de clivage politique et social qui se sont manifestées depuis l'élection d'Emmanuel Macron. Sans même parler du jugement porté sur la gestion de la crise par le gouvernement, qui est fonction de l'orientation politique de chacun, il apparaît que la façon de vivre et de traverser cette épidémie aura différé selon les milieux sociaux et les sensibilités politiques.

L'inquiétude a certes été partagée, mais des différences notoires se dessinent entre les uns et les autres. Ainsi, après un mois de confinement, le fait d'être «très inquiet» (item correspondant aux personnes se sentant les plus directement exposées) pour soi et sa famille face au virus ne concernait que 20 % des membres des catégories aisées et des classes moyennes supérieures. Cette proportion atteignait 27 % dans la classe moyenne inférieure, 35 % dans les milieux «modestes», et pas moins de 44 % dans la strate la plus pauvre de la population. Entre «premiers de cordée», souvent en télétravail (et installés parfois dans leur lieu de villégiature), et «premiers de tranchée», qui ont continué de travailler sur site, le degré d'exposition au nouveau coronavirus aura objectivement été différent. Mais, plus globalement, ces écarts renvoient à un sentiment de vulnérabilité sociale beaucoup plus répandu dans les catégories modestes et populaires, et que l'épreuve du Covid-19 n'a fait qu'aviver. Le clivage entre une « France d'en bas » et une « France d'en haut », qui s'était manifesté avec force au moment de la crise des « gilets jaunes », semble toujours à l'œuvre.

Cette crise sociale et politique avait, on s'en souvient, polarisé la société française en différents groupes. Signe de la persistance des fractures, ces groupes n'ont pas vécu l'épidémie sur le même mode. 51 % des sondés qui se définissent encore comme « gilets jaunes » se disent « très inquiets » pour eux et leur famille face au virus, contre 32 % de ceux qui soutiennent le mouvement et 22 % de ceux qui ne le soutiennent pas, soit un écart de près de 30 points avec le premier groupe. Les écarts constatés sont également très marqués en termes de proximité politique : 46 % des sympathisants de La France insoumise et 35 % de ceux du Rassemblement national se disent « très inquiets » face au risque de contracter le virus, alors que cette crainte n'est partagée que par 11 % des sympathisants de La République en marche.

Les réflexes partisans conditionnent classiquement les jugements portés sur l'action du gouvernement. À la suite de l'annonce par Emmanuel Macron de la date du 11 mai pour amorcer le déconfinement, 72 % des sympathisants du parti présidentiel considèrent que le gouvernement a su réagir rapidement face à l'épidémie contre seulement… 14 % de ceux de La France insoumise et 8 % de ceux du Rassemblement national[1]. De la même manière, quand

1. Les sympathisants du Parti socialiste (42 %) et de Les Républicains (31 %) étant un peu plus cléments.

56 % des soutiens présidentiels pensent que les établissements scolaires pourront bien rouvrir le 11 mai, trois quarts au moins des sympathisants insoumis (75 %) et lepénistes (79 %) n'y croient pas.

Mais, derrière l'expression de ces réflexes politiques conditionnés, le fait que le sentiment du degré d'exposition personnel au virus varie si fortement selon les milieux sociaux et les affinités politiques indique que les fractures parcourant la société n'ont pas été effacées à l'occasion de cette épreuve. C'est que le vécu de l'épidémie n'a pas été identique dans toutes les îles de l'archipel français[1]. Ainsi, autre illustration de la persistance des clivages sociopolitiques qui n'ont pas été abolis par le coronavirus, l'appréciation portée sur les conditions du confinement à domicile diffère nettement selon les milieux sociaux et les affinités partisanes. Cinq semaines après le début du confinement, 75 % des cadres et 71 % des professions intermédiaires vivaient bien cette expérience, contre 55 % des ouvriers et employés. Par ailleurs, les électeurs de Jean-Luc Mélenchon ne sont que 58 %, proportion très proche de celle qu'on observe du côté de l'électorat lepéniste (54 %), à vivre de manière satisfaisante le confinement à leur domicile, contre 82 % des électeurs d'Emmanuel Macron.

Après l'élection présidentielle de 2017, la crise des « gilets jaunes » a constitué un moment de polarisation particulièrement forte des clivages, et ces lignes sont toujours actives aujourd'hui : seuls 47 % de ceux qui disent faire partie des « gilets jaunes » déclarent bien vivre le confinement chez eux, contre 57 % de ceux qui les soutiennent et 70 % de ceux

1. Jérôme Fourquet, *L'Archipel français. Naissance d'une nation multiple et divisée*, Paris, Seuil, 2019.

qui ne les soutiennent pas. Ces écarts très marqués illustrent bien que les orientations politiques, plus que jamais, s'articulent autour de clivages socioculturels mais aussi psychologiques très profonds[1].

Avec le temps, ces différentes lignes de fracture ont sédimenté et se sont superposées, de manière plus ou moins homogène. Les différents groupes sociaux et politiques résultant de cette segmentation profonde ont développé leur propre vision du monde. Disposant aussi de leur propre grille de lecture[2], ces groupes n'ont pas vécu de la même manière l'épreuve du confinement. Ils n'ont pas non plus éprouvé le même degré d'inquiétude face au risque de contagion, comme on l'a constaté. Et quand des débats circonstanciels se sont fait jour dans le cadre de cette crise, par exemple celui autour des vertus supposées de la chloroquine, ils ont spontanément adopté des positions antagonistes.

Ces antagonismes très puissants au sein de la société française expliquent sans doute en bonne partie pourquoi l'épidémie n'a pas suscité un réflexe d'union sacrée comme souvent chez nos voisins. En comparant la situation que nous traversions à celle d'une guerre, Emmanuel Macron comptait déclencher et stimuler ce que les politologues anglo-saxons appellent le « *rally round the flag effect* ». Ce phénomène de ralliement autour du drapeau a été très modeste en France, si l'on en croit à nouveau les chiffres du baromètre de la confiance politique du Cevipof[3]. D'après cette enquête, la confiance dans le gouvernement n'a progressé que de 5 points

1. Voir Yann Algan, Elizabeth Beasley, Daniel Cohen et Martial Foucault, *Les Origines du populisme. Essai sur un schisme politique et social*, Paris, La République des idées-Seuil, 2019.
2. Influencée, bien sûr, par des modes et conditions de vie spécifiques.
3. « En qu(o)i les Français ont-ils confiance aujourd'hui ? », étude citée.

en France entre février et avril, alors que le gain sur la même période atteignait 15 points en Allemagne et 20 points en Grande-Bretagne. Au total, seuls 32 % des Français déclaraient avoir confiance dans leur gouvernement contre respectivement 60 % et 61 % des Allemands et des Britanniques. Illustration d'une défiance très ancrée dans notre pays, le crédit accordé au gouvernement était déjà plus faible chez nous (27 %) qu'en Allemagne (45 %) et en Grande-Bretagne (41 %) avant le déclenchement de l'épidémie[1]. Mais la crise n'a rien arrangé, et le jugement porté par nos concitoyens sur l'action de leurs gouvernants s'est fait beaucoup plus sévère que chez nos voisins. Seuls 39 % des Français considèrent ainsi que « dans l'ensemble le gouvernement a bien géré la crise », contre pas moins de 74 % des Allemands et 69 % des Britanniques...

Alors que le pays va être confronté à une très grave crise économique et sociale, conséquence des longues semaines de confinement qui ont déstabilisé des pans entiers de notre économie, la France demeure extrêmement clivée politiquement et l'exécutif sort fragilisé de cette épreuve.

2. Quand l'épidémie avive le clivage territorial

Géographie et itinéraire de la contagion

Comme tout fait social, l'épidémie de coronavirus a eu une géographie. Tous les territoires n'ont pas été affectés de la même manière. Par ailleurs, si le virus s'est propagé

1. Voir Pierre Cahuc et Yann Algan, *La Société de défiance. Comment le modèle social français s'autodétruit*, Paris, Rue d'Ulm, 2007.

à partir de foyers initiaux (les fameux *clusters*), il ne l'a pas fait dans toutes les directions. À l'image d'un feu de forêt qui se déploie selon des couloirs d'incendie, et dont la trajectoire épouse la topographie des lieux, le Covid-19 s'est inégalement répandu en France, empruntant certains axes de circulation mais pénétrant moins puissamment dans quelques régions que dans d'autres. Dans un petit ouvrage intitulé *Itinéraires de contagions. Épidémies et idéologies* et paru en 1958, André Siegfried s'était penché sur les mécanismes de diffusion géographique des épidémies – ceux aussi des idées politiques et des religions. En s'inspirant de sa démarche, nous pouvons tenter de retracer sommairement la propagation du Covid-19 en France. Nous nous appuyons pour ce faire sur un des indicateurs disponibles et publiés quotidiennement : le nombre de décès[1] lié au virus pour 100 000 habitants par département. La série de quatre cartes suivantes, réalisées par le géographe Sylvain Manternach, rend bien compte du phénomène de diffusion sur le territoire. Le 22 mars, soit au cinquième jour de confinement, on ne constate quasiment aucun décès, à l'exception de quelques cas signalés dans les *clusters* importants, l'Oise et l'Aisne d'un côté, et le Haut-Rhin de l'autre, qui a commencé à essaimer. On compte quelques *clusters* secondaires, notamment en Saône-et-Loire.

1. Enregistré en milieu hospitalier.

Taux de décès dus au Covid-19
(pour 100 000 habitants)

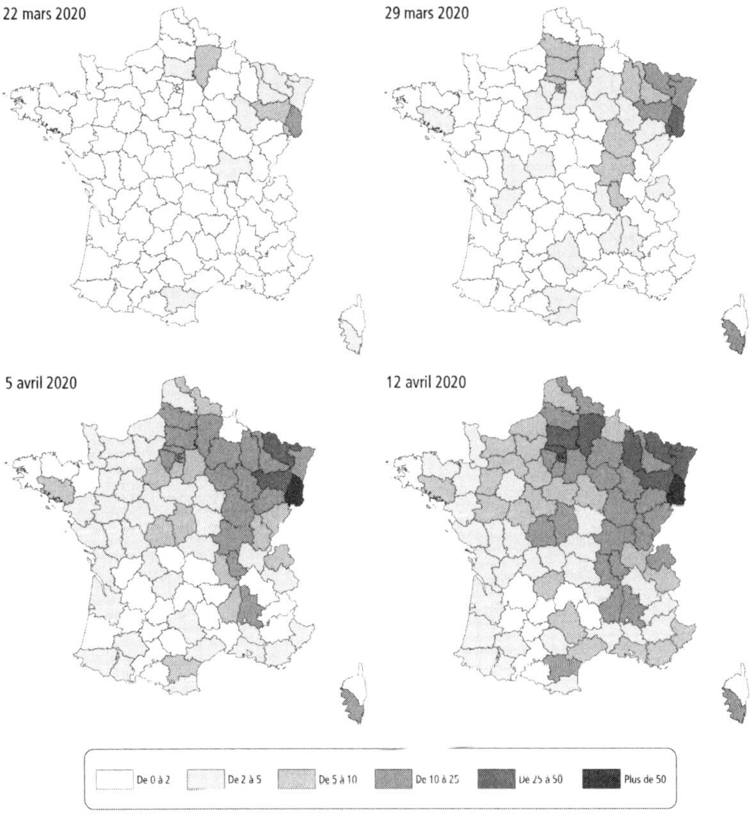

Source : Santé Publique France.

Une semaine plus tard (C + 12), la carte fait clairement apparaître le processus d'irradiation à partir des foyers initiaux. Toute la Picardie est désormais touchée, et les premiers décès sont enregistrés en Île-de-France. Dans le Grand-Est, l'essaimage s'est également enclenché à partir du Haut-Rhin. Quant au foyer de Saône-et-Loire, il s'étale également en empruntant une voie de communication traditionnelle, la vallée de la Saône, jusqu'à Lyon. Hormis quelques foyers secondaires, toute la façade ouest du pays est relativement épargnée.

Le 5 avril (C + 19), la jonction entre les trois foyers initiaux situés dans le quart nord-est est effective, dessinant un bloc assez compact courant, d'une part, de la Somme à Lyon en passant par l'Île-de-France, les vallées de la Seine et de la Saône, et, d'autre part, du Rhin à l'Île-de-France. Cet espace s'étend par ailleurs vers le sud en suivant la vallée du Rhône (département de la Drôme). Dans ce vaste espace, le nombre de décès est systématiquement supérieur à 10 pour 100 000 habitants alors que, sur la façade ouest, il demeure inférieur à 5 pour 100 000 habitants, et l'on constate même, dans la plupart des départements du Sud-Ouest et de la Bretagne (foyer morbihanais excepté), un taux de mortalité plus faible encore (moins de 2 morts pour 100 000 habitants).

Le 12 avril (C + 26), la géographie de l'épidémie semble stabilisée, sans doute en partie sous l'effet du confinement, qui a limité drastiquement les déplacements entre départements[1]. Du fait du caractère hautement contagieux du

1. En revanche, d'après les données de l'Ifop, il semble que des entorses aux règles aient été plus fréquentes concernant les déplacements sur de courtes distances. 12 % des Français déclarent ainsi avoir reçu des proches chez eux et 15 % des membres de leur famille au cours du confinement. Ces taux sont significativement plus élevés dans le Grand-Est, en Île-de-France et dans les Hauts-de-France, régions où l'épidémie a le plus frappé. Les proportions de personnes ayant dérogé aux consignes d'isolement sont en revanche les plus faibles en Nouvelle-Aquitaine, Bretagne, Centre-Val de Loire et Pays de la Loire, où le coronavirus a le moins circulé. Au regard de ces chiffres, un lien

Évolution de la mortalité dans l'Est de la France

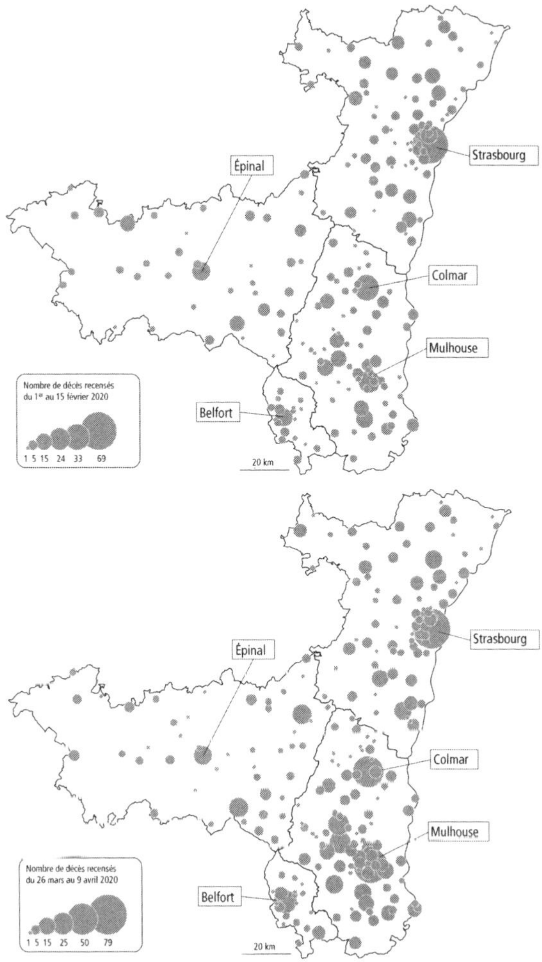

SOURCE : Avis-de-deces.net.

---

peut être fait entre civisme sanitaire de la population locale et propension du virus à continuer sa propagation une fois le confinement décrété.

virus, le nombre de personnes contaminées augmente néanmoins mécaniquement partout, ainsi que, dans son sillage, le nombre de décès. Pour autant, les écarts entre territoires restent marqués, avec un bilan particulièrement lourd dans le Haut-Rhin. Les deux cartes précédentes montrent l'évolution du nombre de décès recensés entre le 1er et le 15 février, période pendant laquelle l'épidémie ne s'était pas encore déclarée dans la région[1], et ceux qui ont été recensés entre le 26 mars et le 9 avril.

À la lecture de ces cartes, on prend la mesure de la très forte surmortalité qui a frappé le Haut-Rhin, et plus spécifiquement l'axe Mulhouse-Colmar. La hausse de la mortalité entre les deux périodes est également significative dans les départements voisins, signe que la propagation s'est effectuée à partir du foyer initial, qui demeure cependant le plus durement touché.

Le Covid-19 a d'abord frappé la « France des tempêtes »

Coïncidence troublante : au niveau national, la géographie de l'épidémie se superpose assez bien avec le cadastre sociopolitique qui a émergé à la charnière des années 1980-1990 et qui oppose la façade ouest à la moitié est du pays, avec au sein de ce second ensemble un quart nord-est présentant des caractéristiques plus typées encore.

Tandis que l'opposition entre régions catholiques et régions déchristianisées avait pour l'essentiel structuré la carte électorale depuis le XIXe siècle, sur fond de sécularisation,

1. Le rassemblement évangélique à Mulhouse qui a servi d'incubateur s'est déroulé du 17 au 21 février.

deux paramètres ont reconfiguré l'espace social et politique français depuis une quarantaine d'années. Il s'agit, d'une part, du phénomène de désindustrialisation, qui a très durement frappé le quart nord-est du pays, et, d'autre part, de l'immigration, qui s'est développée sur ce territoire mais aussi en Île-de-France, sur la façade méditerranéenne et dans la vallée du Rhône. Le Front national, qui a émergé sur le plan électoral à cette époque, s'est notamment implanté dans cet espace géographique alors qu'il a toujours eu une audience plus réduite dans le Nord-Ouest et le Sud-Ouest. À propos de cette nouvelle géographie, Emmanuel Todd évoque une « France des tempêtes », une « vaste zone de stress social, désindustrialisation et immigration se combinant » dans le Nord-Est et le Sud-Est, quand « à l'Ouest et au Sud-Ouest, loin de l'Europe continentale et de la Méditerranée, subsiste une « France abritée », relativement épargnée par le stress socio-économique jusqu'à très récemment »[1].

Or cette « France des tempêtes », déjà plus « stressée », pour reprendre le vocabulaire d'Emmanuel Todd, et fragilisée, est celle qui a été la plus frappée par l'épidémie. En ce sens, l'épreuve sanitaire a eu pour conséquence de marquer encore davantage la dichotomie géographique entre les deux grands espaces sociopolitiques. La publication dans les médias des cartes des décès par régions et départements, comme les récits des transferts de malades du Grand-Est et de l'Île-de-France vers la Bretagne, les Pays de la Loire ou la Nouvelle-Aquitaine, ont bien ancré dans les esprits la géographie très clivée de l'épidémie. De la même manière, la classification des départements selon le code couleur « rouge/vert » autorisant une sortie du confinement plus ou moins rapide

1. Voir *Les Luttes de classes en France au XXIe siècle*, Paris, Seuil, 2020.

aura également contribué à imprimer cette géographie épidémique dans les représentations collectives, mais aussi dans la vie des territoires. Par ailleurs, dans les régions les plus touchées, notamment l'Alsace, la multiplication des décès et des cas de personnes infectées a touché de très nombreux habitants dans leur cercle familial et relationnel. Le vécu quotidien, durant le confinement, s'est ainsi trouvé plus dramatisé encore dans ces régions, comme nous l'explique Alex, le Mosellan de 24 ans : « Honnêtement, lorsque je sors faire des courses, j'y pense. Je me dis que le virus doit très certainement traîner autour de moi. Ça fait un peu peur : je fais attention à tous mes gestes et à bien utiliser mes gants, mon masque et mon produit désinfectant. » Sabrina, l'archéologue de Troyes, évoque elle aussi l'angoisse sanitaire, et se montre également très consciente du fait que l'épidémie de coronavirus constitue en quelque sorte une double peine pour sa région, déjà économiquement fragilisée : « Le fait de vivre dans une région très impactée par l'épidémie nous fait respecter le confinement encore davantage car nous sommes conscients que le risque est encore plus grand. Il y a certainement des tas de gens dehors qui ne savent pas qu'ils sont malades, et d'autres qui sont peut-être peu consciencieux, donc sortir, pour nous, c'est un vrai risque. Nous avons plus de chance que les autres d'être infectés. Si le déconfinement est plus restrictif, il faudra l'accepter. Seulement, la région Grand-Est est déjà une région pauvre, et l'impact sur l'économie sera encore plus grand qu'ailleurs. Ce sera difficile de redémarrer pour les commerçants et les industries ensuite. Mais on n'a pas le choix, il faut faire avec. »

Les données quantitatives confirment que la prégnance de l'inquiétude vis-à-vis des conséquences économiques et sociales de l'épidémie est plus forte dans le quart nord-est

(47 % des habitants de cette partie du territoire se disant « très inquiets en la matière ») que dans le quart sud-ouest (36 %)[1]. En ce sens, si l'épidémie a bien été une épreuve collective, elle est venue consolider la géographie sociopolitique du pays qui a émergé au cours des dernières décennies.

Les quartiers populaires durement touchés : le cas de la Seine-Saint-Denis

Ce constat s'observe aussi à une échelle plus fine, au sein des métropoles, dont les quartiers populaires ont payé un lourd tribut. C'est notamment le cas de la Seine-Saint-Denis.

Près de deux semaines après l'instauration du confinement sur l'ensemble du territoire, l'Île-de-France et le Grand-Est demeuraient les principaux foyers de l'épidémie de coronavirus en France. À l'échelon départemental, toutefois, les disparités se renforçaient : lors de la troisième semaine de confinement, alors que « vingt-six départements présent[aient] un excès de mortalité par rapport à la mortalité attendue », le directeur général de la santé annonçait un « niveau de décès exceptionnel » en Seine-Saint-Denis le 2 avril[2]. Avec 63 % de décès en plus entre les 21 et 27 mars, le département enregistrait la plus forte hausse hebdomadaire du Bassin parisien. À titre de comparaison, sur la même période, la hausse de la mortalité atteignait 32 % à Paris et 47 % dans le Val-d'Oise.

La Seine-Saint-Denis se retrouva alors au centre des préoccupations : comment expliquer de telles disparités à

1. Sondage Ifop-Fiducial pour CNews et Sud Radio réalisé en ligne du 15 au 16 avril 2020, auprès d'un échantillon national représentatif de 1 007 personnes.
2. « Points de situation coronavirus COVID-19 », Solidarites-Sante.gouv.fr, 2 avril 2020.

l'échelle départementale ? L'une des premières explications tient sans doute à la structuration particulière de ce département, qui avec 1,6 million d'habitants est le deuxième le plus peuplé d'Île-de-France après Paris. Or, si la densité de la population a facilité la propagation du virus sur ce territoire, la précarité dans laquelle vit un grand nombre de ses habitants a entretenu un contexte favorable à leur plus forte exposition : « On sait que les maladies infectieuses touchent plus durement les plus précaires, car la transmission est plus facile et qu'ils sont plus difficiles à suivre », expliquait le professeur Frédéric Adnet, directeur du Samu 93[1]. En effet, la Seine-Saint-Denis cumule les difficultés sociales et économiques, ce qui, pour des milliers d'habitants, et notamment les plus modestes, a rendu l'application des règles de confinement plus difficiles qu'ailleurs (mal-logement, promiscuité contrainte, précarité de l'emploi, etc.). Cette « surexposition » au coronavirus des catégories les plus vulnérables aura d'autant plus inquiété en France qu'elle se sera confirmée dans les autres pays occidentaux.

Aux États-Unis, par exemple, les Afro-Américains, fortement représentés dans les couches les plus pauvres de la population, ont compté parmi les premières victimes de l'épidémie. Pour prendre le cas de Chicago, où ils ne constituent qu'un tiers de la population, ils représentaient « 72 % des décès » dans la ville[2].

C'est peut-être pour toutes ces raisons qu'Ali n'a pas été surpris à l'annonce des chiffres de la mortalité dans son

1. Cité par « Coronavirus : les pompes funèbres sont débordées en Seine-Saint-Denis où il y a un “excès de mortalité exceptionnel” », 20minutes.fr, 3 avril 2020.

2. « Aux États-Unis, les Noirs semblent plus touchés par le coronavirus », NouvelObs.com, 8 avril 2020.

département : « C'était une catastrophe prévisible », dit-il, avant de poursuivre : « En Seine-Saint-Denis, on meurt plus vite qu'ailleurs. Ici, comme dans les zones rurales, il y a moins d'hôpitaux, de soignants et de matériel par rapport au nombre d'habitants. Alors logiquement, avec une épidémie comme ça, c'est plus frappant. » Dans un territoire aussi mal doté en offres de soin[1], difficile pour ce jeune étudiant confiné à Drancy de se sentir à « armes égales » face au coronavirus : « Tout le monde sait que, l'hôpital Avicenne, c'est une catastrophe. Moi et mes potes, on préfère prendre la voiture et aller à la Pitié-Salpêtrière, ça dure vingt minutes, plutôt que d'aller à l'hôpital Avicenne, qui est à deux minutes de chez nous, parce qu'on sait que c'est quatre heures d'attente aux urgences. »

Il faut rappeler qu'au plus fort de la crise sanitaire l'ensemble de la chaîne de soin a été mis à rude épreuve en Seine-Saint-Denis. Six jours seulement après la mise en place du confinement, le professeur Adnet déplorait un nombre d'appels d'urgence en hausse : « On est à près de 7 000 appels par jour, c'est quatre fois plus que le volume habituel[2]. » Dans le même temps, avec seulement 42 lits de réanimation pour 100 000 habitants (contre 77 à Paris), les hôpitaux du département ont connu la saturation dès les premières semaines suivant la mise en place du confinement[3].

1. À titre d'exemple, le département compte 120 médecins généralistes pour 100 000 habitants, contre 154 à l'échelle nationale (« Seine-Saint-Denis : le Covid-19 exalte les inégalités », InstitutMontaigne.org, 15 avril 2020).

2. « Coronavirus : au Samu 93, "on se demande où on va" », LeParisien.fr, 23 mars 2020.

3. « Coronavirus : les hôpitaux de la Seine-Saint-Denis saturés », FranceTVinfo.fr, 30 mars 2020.

Pour faire face à la forte affluence aux urgences, les services de santé ont été contraints ici, comme dans le reste du pays, de mettre en place des mesures exceptionnelles, telles que l'ouverture de nouveaux lits, le « report » de patients non atteints par le Covid-19[1], ou encore l'organisation du transfert de certains malades vers d'autres régions moins touchées. Ces efforts, s'ils doivent être reconnus, n'ont pourtant pas suffi à rassurer Ahmed, l'étudiant de Bondy. Au regard des « conditions de santé déplorables des habitants », les moyens n'ont pas été au rendez-vous selon lui : « Le département vient de mettre en place des centres pour accueillir des malades dans diverses villes dont Bondy. C'est la salle de sport de Bondy Nord qui s'appelle le Palais des sports. Je n'y suis pas allé mais j'ai vu les photos : il y a deux ou trois tentes pour les médecins qui vont venir examiner les personnes en situation grave, il y a dix chaises au milieu. Mais je me suis dit : dans quel monde de clochardisation ils nous ont mis ? Il y a cinquante-cinq mille habitants dans cette ville et ils ont mis dix chaises en plus. » Par ailleurs, Ahmed rappelle que la Seine-Saint-Denis est « un département où tout le monde ne va pas se faire soigner ». C'est que, dans ce département où le niveau de vie est le plus bas de la France métropolitaine[2], le coût résiduel lié à la consultation médicale est toujours susceptible de constituer un frein pour les foyers les plus modestes.

1. « Urgences : à Aulnay, les patients priés d'aller ailleurs », LeParisien.fr, 20 mai 2019.

2. « Le niveau de vie médian de 17 310 euros en 2017 reste le plus faible de la France métropolitaine. Les écarts avec les départements voisins sont significatifs : – 9 780 euros avec les Hauts-de-Seine et – 4 980 euros avec le Val-de-Marne » (« La Seine-Saint-Denis : entre dynamisme économique et difficultés sociales persistantes », Insee.fr, 13 février 2020).

Pour Ali, la hausse de la mortalité dans son département s'explique avant tout par la plus forte exposition des actifs. « Pour les travailleurs, c'est la double peine, nous dit-il. Avant, on était les derniers de la classe, les derniers à trouver du travail, les derniers à arriver au boulot parce qu'on faisait grève, et là en fait on va être les premiers à mourir. La seule fois où on est les premiers, c'est pour mourir. » Au début du confinement, 34 % des actifs ont continué à exercer leur activité sur leur lieu de travail[1]. Hormis le personnel soignant et les forces de l'ordre, une partie de ce segment était composée de personnes dont l'activité était essentielle au maintien des fonctions vitales du pays, s'exerçant dans les secteurs de l'agroalimentaire, des transports, de l'hygiène ou des pompes funèbres. Or les catégories en question représentent la grande majorité de la composition socioprofessionnelle de la Seine-Saint-Denis. En effet, si le département a connu un dynamisme important en termes d'emploi ces dernières années, « la spécialisation du territoire dans l'accueil des catégories socioprofessionnelles les plus modestes se maintient[2] ». « On est dans un territoire très pauvre, les gens ont continué à aller travailler », confirme Ahmed. Pour ces actifs, outre le risque d'être exposé au virus plus fréquemment que le reste de la population sur leur lieu de travail, s'est ajouté celui de contracter la maladie à l'occasion des déplacements, notamment par le biais des transports en commun : en Seine-Saint-Denis, un actif sur deux travaille en dehors

1. « Premiers de corvée et premiers de cordée, quel avenir pour le travail déconfiné ? », Jean-Jaures.org, 8 avril 2020.

2. « Les dynamiques sociales en Seine-Saint-Denis, entre 1999 et 2010 », Ressources.SeineSaintDenis.fr.

de son département[1]. Cette problématique est commune à la plupart des habitants des autres départements de la petite couronne. Dans ce contexte, Maryline, l'intérimaire en boulangerie, qui réside à Asnières-sur-Seine, mesure la chance qu'elle a eu de pouvoir se rendre sur son lieu de travail, à Paris, en scooter : « Si j'avais dû prendre le métro, j'aurais arrêté de travailler. »

Bien sûr, ce choix ne s'est pas posé dans les mêmes termes à tout le monde. Par exemple, le père d'Ahmed compte parmi ceux qui ont continué à se rendre sur leur lieu de travail au risque de s'exposer au virus. Si son métier ne faisait pas partie de ceux dits de première nécessité, impossible cependant pour cet ouvrier du bâtiment d'envisager un arrêt de travail au début du confinement. Contraint par la nécessité économique, il s'est donc porté volontaire pour poursuivre le travail sur le chantier jusqu'à sa fermeture. « Mon père, par exemple, jusqu'à jeudi dernier, il a bossé au chantier, parce que s'il ne bosse pas il ne peut pas payer de factures. S'il ne bosse pas, ça va très vite », raconte Ahmed au début du mois d'avril. Lorsque son père a été mis à l'arrêt, le stress est monté d'un cran : « Les factures continuent, mais l'argent ne rentre pas. Mon père est très stressé. S'il ne bosse pas, il ne peut pas payer le loyer. Il a une famille à nourrir. Là, il paie un crédit pour l'appartement depuis plus de dix ans, il a parlé avec sa conseillère pour un report de crédit de six mois. Depuis dix ans, il n'a jamais demandé à reporter. »

Dans ce contexte, les annonces d'Emmanuel Macron sur la perspective d'un déconfinement progressif le 11 mai

1. Mi-2010, « 331 000 actifs résidents travaillent hors du département, soit 54 % de ceux qui ont un emploi » (« Seine-Saint-Denis : le développement des emplois qualifiés accentue les déplacements domicile-travail », Insee.fr, juillet 2010).

étaient très attendues : « Toute la soirée, mon père a essayé de s'informer pour savoir quand est-ce qu'il pourrait reprendre le travail, parce que ça commence à être chaud. » Dans un département où le taux de pauvreté est deux fois supérieur à la moyenne nationale (27,9 % contre 14,1 % en 2017, selon l'Insee[1]), où le taux de chômage est élevé et constant sur la dernière décennie, la poursuite de l'activité professionnelle est vitale pour une partie de ses habitants. « J'ai un pote qui est livreur Amazon : c'est marrant parce qu'il ne bosse que sur Paris ! Il se déplace, ça va, il a les masques et tout. Il sait qu'il risque pour sa santé mais il ne peut pas s'arrêter de travailler. Il continue pour payer le loyer », explique Ali.

Trois catégories de gens se distinguent alors : il y a ceux qui, comme le père d'Ahmed, ont pu exercer un temps leur activité pour « limiter la casse », quitte à s'exposer aux virus ; ceux qui ont été contraints de se déplacer tout au long du confinement ; et ceux qui ont tout simplement été mis au chômage technique dès le début – ce sont ceux chez qui l'appréhension de l'impact économique à venir est source de la plus forte angoisse.

Le contexte de précarité dans lequel se trouvait le département avant même la mise en place du confinement explique sans doute la consolidation inédite des chaînes de solidarité que l'on constate. « C'est le premier truc qui m'a marqué, nous confie Ahmed, dès le début tout le monde a applaudi le personnel soignant à 20 heures. Et puis il y a plein d'initiatives locales qui se mettent en place. Il y a un groupe sur Facebook, "Coronavirus solidarité Bondy", pour garder du lien et que chaque personne qui veut aider soit en lien avec

1. « La Seine-Saint-Denis : entre dynamisme économique et difficultés sociales persistantes », art. cité.

les gens qui ont besoin d'aide. » Il se souvient notamment des initiatives mises en place afin de « briser » l'isolement des personnes âgées vivant seules, et pour qui la privation du lien social signifiait une aggravation de la précarité. Alors, Ahmed s'est interrogé : après la crise, que vont devenir ces gens doublement fragilisés, sur le plan à la fois sanitaire et social ? « Le moment que je crains le plus, c'est le jour où on va être déconfinés. Le nombre de personnes qu'on va retrouver mortes dans leur appartement… C'était pareil quand il y a eu la canicule. Et vu le nombre de personnes âgées isolées dans cette ville… »

Quand le confinement réactive le « spectre de 2005 »

Dans ce contexte de tensions, le confinement est venu réveiller les vieilles blessures dans un département qui n'est pas « neutre » aux yeux du grand public mais où, au contraire, « les émeutes de 2005, déclenchées à [Clichy-sous-Bois et Montfermeil], ont depuis longtemps accolé à son nom l'étiquette de laboratoire des passions françaises[1] ». Dans les premiers jours du confinement, des vidéos montrant des heurts entre les forces de l'ordre et la population ont fait le tour des réseaux sociaux et ont contribué, les semaines suivantes, à poser la question du « confinement dans les banlieues », avec, d'un côté, la crainte d'un « embrasement généralisé des banlieues, comme en 2005[2] » et, de l'autre, les risques de stigmatisation des quartiers sensibles. Confronté à ces vidéos, l'incompréhension d'Ali est forte et il en garde

1. « Seine-Saint-Denis, un "choc des civilisations" aux portes de Paris ? », LeGrandContinent.eu, 28 octobre 2018.
2. « Confinement : la peur d'un second front en banlieue », LeFigaro.fr, 31 mars 2020.

un souvenir amer : « Je me rappelle la première semaine, plein d'articles sont sortis à droite à gauche disant "les banlieues ne respectent pas le confinement". J'ai pas compris. On dirait que c'était nous le virus. T'as une pandémie à gérer, il n'y a plus de lits, il n'y a plus de masques et, la première chose à laquelle tu penses, c'est les banlieusards ? T'es complètement à l'ouest en fait. »

Paradoxalement, la représentation des « banlieues populaires » dans les médias est venue renforcer, chez certains de leurs habitants, le sentiment d'« invisibilité » au quotidien. C'est en tout cas ce qu'a éprouvé Anaïs, en réaction aux déclarations de Linda Kebbab, la syndicaliste policière, concernant les violences survenues dans la nuit du 19 au 20 avril à Villeneuve-la-Garenne et le réseau de trafiquants à Grigny[1] – « alors qu'à côté il y a de très belles initiatives en ce moment, partagées par *Le Parisien*, les enfants qui dessinent pour les Ehpad, l'épicerie solidaire et le bio, l'équipe pédagogique du collège Sonia-Delaunay qui adresse un message aux élèves, très grande solidarité avec les différentes associations. Ça, on ne le met pas en avant et on ne supporte pas de l'associer à Grigny », disait-elle.

Au-delà de ce qu'il désignait comme le retour de « l'imaginaire de base », Ahmed se montrait alors tout aussi agacé par l'angélisme « pervers » qu'il induit : « Il faut maintenant prouver qu'on respecte. Il y a ces vidéos perverses qui montrent les gens confinés dans les quartiers, pour dire voilà, nous aussi, on respecte. Mais en fait les gens sont dans leurs propres clichés. » Comme si, au final, le plus important était de distinguer les « bons élèves » du confinement des

1. « Grigny, Villeneuve-la-Garenne… "Les trafiquants veulent éliminer toute présence policière" », LeFigaro.fr, 20 avril 2020.

mauvais, « on se renvoie la balle, d'abord les personnes dans les grandes villes, puis la bourgeoisie parisienne, mais dans cette affaire personne n'est raisonnable ». Alors que les « inconfinés » semblent se trouver partout, Ahmed ajoute : « Je suis sûr qu'il y a plus de Français choqués par les images de joggeurs à Paris que par les banlieusards. »

Pour Maryline, le constat était le même. Sur le chemin qu'elle a parcouru tous les jours pour se rendre de chez elle à la boulangerie du XVIe arrondissement de Paris dans laquelle elle travaille, elle raconte : « Quand on passe devant le bois de Boulogne, on dirait un mois d'août à Paris. Il n'y a que des gens qui font du sport ! » Pas question pour autant de sombrer dans l'angélisme banlieusard. « Bien sûr qu'il y a des gens qui ne respectent pas le confinement. Mais ceux qui ne le respectent pas, ce sont les adolescents, les petits. Moi, je me rappelle, à leur âge, je rentrais pas à la maison tant qu'il ne faisait pas nuit, j'étais dehors en train de jouer au foot et tout. C'est inconscient, je ne cautionne pas ce qu'ils font. Pour moi, c'est n'importe quoi, mais qui avait cette maturité à 13 ou 15 ans ? » s'interroge Ali.

Quelle place pour la Seine-Saint-Denis dans le « monde d'après » ?

Dans ce contexte, les appels à la construction du « monde d'après » sonnent creux : il est bien difficile de se prêter à ce jeu du côté des familles, comme celle d'Ahmed, qui ont été privées d'une partie de leurs revenus durant le confinement. « En France, on adore parler de l'après sans parler de ce qui se passe en ce moment, mais, la réalité, c'est que la facture va être terrible pour les parents », s'agace Ahmed. L'« après » suscite, de fait, plus de craintes que d'optimisme : « Là, c'est le meilleur moment pour moi, on reste à la maison, on a le temps. J'ai l'impression que l'"après" va être beaucoup plus difficile. À tous les niveaux», poursuit-il. D'autant plus que, pour Ali comme pour les autres, la période de confinement aura nécessairement creusé les inégalités: «Ça ne va pas être difficile pour tout le monde. Il va y avoir ceux qui vont pouvoir investir, et qui, comme après toute crise, pourront s'enrichir davantage.» Et puis, de l'autre côté, il y aura les «perdants» de la crise, ceux qui, selon Ahmed, «ne vont pas s'en sortir» parce qu'ils ne «pourront pas payer leur loyer». Pour l'avenir, Ali envisage surtout de travailler «au restaurant tout l'été» afin de contribuer à compenser la baisse du chiffre d'affaires de l'établissement de son père.

3. Brève comparaison avec deux pandémies antérieures

Comme le disent certains de nos participants, passé le temps de la sidération, une partie de la population a plus ou moins rapidement éprouvé le besoin de «prendre du recul» face au flux d'informations qui nous abreuvait en continu. Et quoi de mieux que de se replonger dans l'histoire, de renouer avec le temps de la réflexion et de tenter de prendre de la distance avec une actualité aussi pesante? En se livrant à cet exercice, nous sommes tombés sur deux épisodes qui présentent de fortes similitudes avec la situation sanitaire actuelle. Et pour ce faire, inutile de remonter jusqu'à la peste noire du XIVe siècle…

À l'automne 1956, une virulente épidémie de grippe se déclare dans les provinces chinoises du Yunnan et du Guizhou, avant de se propager au mois de février suivant à Singapour puis en avril à Hong Kong, postes avancés du monde occidental à l'époque. De là, l'épidémie atteindra l'Australie puis les États-Unis en juin 1957, où elle causera plusieurs dizaines de milliers de morts. Ce qui sera alors devenu une pandémie poursuivra son macabre parcours et frappera l'Europe à l'automne-hiver 1957-1958. En France, elle fera selon les estimations entre vingt-cinq mille et cent mille morts. Deux à trois millions de victimes au total seront déplorées sur la planète.

Même scénario à peine dix ans plus tard, entre l'été 1968 et le printemps 1970. Une pandémie de grippe circule autour du globe et fauche environ un million de personnes. Partie initialement de Chine ou d'Asie centrale, elle n'est formellement identifiée qu'à Hong Kong (la Chine de l'époque est beaucoup plus fermée qu'aujourd'hui), d'où son nom de « grippe de Hong Kong ». Le virus poursuit ensuite sa progression et gagne d'autres continents, dont l'Europe au cours de l'hiver 1969-1970. Elle sera particulièrement meurtrière en France : un excès de mortalité y est rétrospectivement évalué à pas moins de quarante mille personnes. Le bilan sera également très lourd dans les autres États européens et aux États-Unis (plus de cinq cent mille victimes outre-Atlantique).

Alors même que les similitudes avec la situation actuelle sont frappantes, ces précédents historiques n'ont quasiment pas été évoqués dans les médias et le débat public pendant les premières semaines du confinement, avant que, bien tardivement tout de même, quelques articles y soient consacrés. La mise en perspective et la comparaison avec ces précédents historiques sont pourtant riches d'enseignements.

Une France pleinement immergée dans la mondialisation

On constate d'abord que la vitesse de propagation des pandémies d'un continent à l'autre a nettement augmenté par rapport aux années 1950-1960, sous l'effet bien sûr du développement des échanges internationaux et du spectaculaire essor du transport aérien. Observation connexe : si, comme en 1956-1958 et 1968-1970, l'origine du virus se situe en Chine, l'Europe et la France ont été frappées cette fois avant les États-Unis. Il s'agit d'une autre illustration des effets de la mondialisation : lors des deux précédentes expériences, les liens entre l'Asie et l'Europe étaient très peu développés, et les épidémies d'origine asiatique transitaient d'abord par les États-Unis (déjà assez connectés avec ce continent à l'époque, du fait notamment d'une présence militaire importante) avant d'atteindre l'Europe. Désormais, qu'il s'agisse des flux commerciaux ou touristiques, les connexions entre notre continent et l'Asie, et la Chine en particulier, sont multiples. La massification du tourisme joue un rôle majeur dans la propagation rapide des épidémies. On rappellera, par exemple, que les deux premiers cas de coronavirus diagnostiqués en Italie ont concerné des touristes chinois. Il est à noter que ces derniers affluent par ailleurs en nombre dans le Haut-Rhin, principal foyer épidémique français, depuis que Colmar et ses maisons à colombages traditionnelles ont servi de décor à une émission de téléréalité gastronomique très populaire en Chine. Les nuitées réservées par des Chinois sont en effet passées de 4 877 en 2017 à 11 640 en 2018, soit une hausse de près de 140 % en un an à la suite de la diffusion de l'émission « Chinese Restaurant »[1]...

La sacralisation de la vie humaine et l'obsession du « zéro mort »

Deuxième enseignement à tirer de cette mise en perspective historique : le rapport à la vie humaine a considérablement évolué par rapport aux années 1950-1960 dans nos sociétés. À l'époque, un certain fatalisme dominait face à ce type de pandémies. Celles de 1957-1958 et de 1969-1970 avaient certes été ressenties comme particulièrement « sérieuses », mais il était admis comme étant dans l'ordre des choses que des personnes décèdent de grippe « sévère ». Durant la première de ces deux pandémies, on estime que neufs millions de Français tombèrent malades et qu'un tiers environ des élèves désertèrent les salles de classe. L'activité économique fut également perturbée et l'absentéisme marqué dans certaines usines (parmi les cheminots notamment). Mais à aucun moment il ne fut question d'envisager un confinement généralisé comme celui qui a été pratiqué en 2020. Le mantra qui s'impose aujourd'hui est celui du « zéro mort ». Voilà qui constitue un changement profond. L'idée de « faire la part du feu » nous semble aujourd'hui totalement inacceptable, voire insupportable. Dans la balance, l'impératif de sauver des vies humaines l'a, sans aucun doute, emporté sur la nécessité de continuer à faire fonctionner l'économie. Plus profondément, nous trouvons ici la confirmation des analyses de Philippe Ariès, qui affirmait que nos sociétés

1. « Une téléréalité chinoise fait bondir le tourisme à Colmar », LeParisien.fr, 15 juillet 2019.

contemporaines ont « expulsé la mort ». Contrairement à ce qui prévalait autrefois, la mort ne constitue plus un fait culturel et sociétal central. Elle a été reléguée loin de nos yeux et de nos pensées. L'historien écrivait ainsi : « La mort est maintenant si effacée de nos mœurs que nous avons peine à l'imaginer et à la comprendre. L'attitude ancienne où la mort est à la fois proche, familière et diminuée, insensibilisée, s'oppose trop à la nôtre où elle fait si grand-peur que nous n'osons plus dire son nom[1]. » Plus de quarante ans après la parution de ce livre, on comprend que notre société ait été particulièrement déstabilisée par l'irruption de cette mort de masse durant de longues semaines.

De l'importance du « cadrage médiatique »

Par-delà ce changement, de nature philosophique et anthropologique, le choix collectif que nous avons fait de sanctuariser la vie « quoi qu'il en coûte », pour reprendre l'expression employée à plusieurs reprises par le président de la République, tient sans doute également au « cadrage médiatique » qui a été adopté pour traiter de cette pandémie. En 1957-1958 et en 1969-1970, on avait parlé de grippe « asiatique » ou « de Hong Kong ». Le choix des mots a son importance. En recourant au terme de « grippe », fût-ce en précisant son origine exotique, nous étions en terrain connu : on avait affaire à un virus particulièrement virulent mais appartenant à une famille bien identifiée. Ce faisant, le mal pouvait être positionné dans les représentations collectives sur une échelle allant de la « grippette » à la « grippe carabinée » ou à la « grippe particulièrement méchante »

1. *L'Homme devant la mort* (1977), Paris, Seuil, 1985, t. 1, p. 36.

ou « sévère ». Concernant la pandémie qui s'est déclarée en 2020, on a parfois parlé, au début de la crise, d'une « bonne grosse grippe », mais les appellations qui se sont très vite imposées ont été celles de « coronavirus » ou de « Covid-19 ». Or ce type de termes « scientifiques » alimente toujours un imaginaire plus anxiogène, parce qu'il ne renvoie à rien de connu. Le mot « grippe » est banal, il appartient à l'univers de la vie quotidienne. Avec les termes de coronavirus et de Covid-19, nous basculons dans le registre médical. On quitte la sphère du bon grog et de la pharmacie de quartier pour celui de l'hôpital, du service de réanimation et du laboratoire scientifique.

Cette « charge virale sémantique » particulièrement lourde s'est trouvée en quelque sorte suractivée par l'intensité et la nature de la couverture médiatique de l'événement. Sur le plan quantitatif, nous avons subi un effet de *blast*, ainsi que nous l'avons dit. Concernant le contenu, les informations diffusées et les angles retenus (décompte du nombre de victimes, propagation du virus d'un pays à l'autre, débordement des services hospitaliers, etc.) ont été particulièrement anxiogènes. Très rarement des mises en perspective ont été faites, pour rappeler, par exemple, le nombre de décès quotidien enregistré en France en période « normale » (près de mille sept cents). On aurait pu aussi rapporter les expériences du passé, ces pandémies de nature assez comparable (et parfois même plus meurtrières). Mais cela n'a pas été le cas, et les médias ont ainsi conféré à la crise une dimension inédite.

Enfin, le rythme obsédant de l'information a fonctionné comme un marteau-pilon venant enfoncer dans les esprits ce seul et unique thème – qui a écrasé tous les autres sujets d'actualité, on l'a signalé. Soumise à cette scansion entêtante, la société s'est mise à vivre au rythme de l'épidémie. De ce point de vue, plus encore que la crise des « gilets jaunes » ou le conflit autour de la réforme des retraites, la pandémie de coronavirus aura fourni une matière première particulièrement bien adaptée au mode de fonctionnement des chaînes d'information en continu.

4. Les priorités économiques

De la crise sanitaire à l'angoisse économique

Au début du confinement, la crise sanitaire a occupé tout l'espace médiatique, politique, intime. Mais, très rapidement, les participants de notre communauté l'ont entrevue comme une première étape, annonçant une profonde crise économique. Une semaine après le début du confinement, Arnaud, le Dionysien de 38 ans, fait remarquer que l'économie passe au second plan mais que « tout déraille, le pétrole, la Bourse... » : « Mais bon, la Bourse ou la vie ? La santé avant tout. » Car, enfouies d'abord sous le drame humain qui se joue, les angoisses sur l'après s'affirment très rapidement : à quoi ressembleront la France et le monde quand nous rouvrirons nos portes ?

Les propos recueillis témoignent des questions que beaucoup se posent à propos de l'avenir économique du pays et des perspectives d'emploi pour leurs proches ou pour eux-mêmes. Ceux qui ont continué à travailler durant le confinement s'inquiètent aux premiers signes de l'impact économique du virus. « Je vois des "fermeture définitive", "bail à céder", j'ai peur d'en croiser de plus en plus, nous dit ainsi Philippe, qui traverse le centre-ville de Dijon tous les matins. Il ne faudrait pas que la France se retrouve dans la situation de 1929. »

Les mesures annoncées par le gouvernement pour soutenir l'activité ont, par ailleurs, retenu l'attention de tous et frappé par leur ampleur, même si beaucoup ont eu du mal à s'approprier cet amoncellement de chiffres. Il faut dire que le gouvernement avait clairement annoncé la couleur : « Il s'agit de la plus grande récession en France depuis 1945 », a indiqué Bruno Le Maire le 9 avril, en dévoilant son plan de soutien et de sauvetage de l'économie française. Lorsqu'ils ont découvert ce plan, beaucoup se sont réjouis que des fonds soient enfin mobilisés pour la santé et la recherche. « C'est un génial pied de nez à toutes les politiques qui sabrent les services publics depuis de trop nombreuses années », rapporte Stéphane, le trentenaire qui vit à Villeurbanne. Certains s'interrogent cependant, à la fois amers et amusés, sur ces « milliards qui pleuvent » soudainement quand, il n'y a pas si longtemps, il semblait si compliqué de répondre aux cris d'alarme des urgentistes compte tenu de l'état des finances publiques. Évidemment, tous le savent et l'anticipent, le montant de l'addition se traduira par une inévitable hausse des impôts quand viendra l'heure du remboursement. Mais sur ce point, de même que sur « l'après », tous ne sont pas aussi inquiets. Si certains sont relativement sereins, notamment parmi les salariés du public ou du côté des actifs du privé qui ont continué de percevoir l'intégralité de leurs salaires, les étudiants sont préoccupés par leur avenir : ils s'imaginent être une « nouvelle génération sacrifiée sur le marché de l'emploi ». Les retraités, quant à eux, craignent pour le montant de leurs pensions, et les personnes au chômage partiel, plus nombreuses chaque semaine, redoutent de perdre leur emploi, quand ceux qui ont cessé toute activité pendant le confinement ont déjà commencé à revoir à la baisse toutes leurs dépenses. « Ça y est, je n'ai plus d'argent... Donc je baisse les courses, je cherche des trucs à vendre pour le post-confinement », annonce Arnaud, mi-avril. « La cascade négative que va engendrer la récession économique sera beaucoup moins visible et rapide que la pandémie, mais elle sera tout aussi mortelle », poursuit-il.

Plus les semaines passent, plus la peur de la récession semble l'emporter sur le reste, tant on redoute une crise de grande ampleur. « Finalement, si je devais choisir entre le coronavirus et la récession, je prendrais le virus : pour moi, on a plus de chance de s'en sortir... », nous dit Khaled. Et les chiffres le confirment : d'après un sondage mené les 8 et 9 avril, 90 % des personnes interrogées exprimaient de l'inquiétude par rapport aux conséquences économiques de la crise du Covid-19, tandis que la peur de perdre un proche du fait du virus ou de perdre soi-même la vie à cause de cette épidémie (75 %) observait un recul de 7 points depuis le 2 avril[1].

« Un effort de guerre auquel tout le monde doit contribuer »

Dans ce contexte, les mesures de soutien à l'économie mises en place par le gouvernement ont été plutôt bien accueillies. À propos de la possibilité pour l'employeur d'imposer aux salariés qu'une partie du temps du confinement soit imputée sur ses jours de congé – même si « le confinement ne ressemble pas vraiment à des vacances... » –,

1. Sondage Ifop-Fiducial pour CNews et Sud Radio réalisé en ligne du 8 au 9 avril 2020, auprès d'un échantillon national représentatif de 1 013 personnes.

ils sont nombreux, comme Éric, gérant d'une concession automobile qui vit à Aix-les-Bains, en Savoie, à considérer que « c'est la moindre des choses car chacun de nous doit contribuer à l'effort national ». De même, la possibilité pour l'employeur d'étendre la durée hebdomadaire du travail jusqu'à soixante heures est apparue comme « acceptable » voire « indispensable pour assurer les besoins du pays », même si certains s'inquiètent des « cadences infernales » imposées le plus souvent à ceux qui trinquent déjà en étant exposés au virus. Il faudra, disent-ils, « faire les comptes » une fois le confinement levé et récompenser ces importants contributeurs à l'effort de guerre.

Par ailleurs, si chacun doit participer à l'effort collectif, certains alertent rapidement sur la nécessité d'adapter cet effort aux ressources des uns et des autres, et d'imposer une plus forte contribution des plus riches. Tous les acteurs sont concernés. L'État est fortement attendu pour soutenir l'économie, mais les entreprises ont également un rôle à jouer : ce que les salariés ont été prêts à accepter lors du confinement (prise de congé, augmentation de la durée de travail, perte de salaire liée au chômage partiel, etc.) ne doit pas faire oublier aux entreprises, et notamment aux plus grandes, qu'on attend d'elles un effort particulier. « L'effort de guerre, oui, mais pas quand il est à sens unique. J'ai posté hier un article sur les dividendes de l'année 2019 que s'apprêtent à se partager les actionnaires des entreprises. Le montant est juste monstrueux et pourrait tellement servir en ce moment… J'espère que l'effort de guerre sera pour tout le monde. Mais j'en doute », s'alarme Stéphane.

De fait, même si le gouvernement a appelé à « la modération », certains industriels n'ont pas renoncé à verser à leurs actionnaires d'importants dividendes. Par ailleurs, de nombreux salariés, au sein de notre communauté, anticipent le fait d'avoir à « mettre les bouchées doubles » à la sortie du confinement. Or l'état d'épuisement psychologique dans lequel beaucoup se trouvent après un mois et demi de confinement laisse penser qu'ils auront besoin de soutien pour y parvenir. Dans les secteurs où une partie des salariés a continué à travailler sur site, c'est une autre forme de fatigue physique et psychologique qu'il faudra apprendre à gérer, en particulier quand l'encadrement, qui n'aura pas été soumis aux mêmes contraintes, reviendra travailler dans les locaux. L'enjeu pour les entreprises est donc sérieux, tant du point de vue économique que de la gestion des ressources humaines. Et la répartition de l'effort sera observée avec attention et constituera un facteur essentiel d'adhésion des salariés…

En matière de « collectif », de capacité à mobiliser ses forces, les entreprises devront montrer l'exemple. Seront-elles conduites à se réinventer ? C'est en tout cas ce que bon nombre de nos participants appellent de leurs vœux. Il est trop tôt pour le dire mais, à l'heure où l'on parle beaucoup de « responsabilité sociétale des entreprises », la capacité de ces dernières à inscrire la solidarité dans leur projet sera scrutée par leurs salariés. Quelques grands groupes se sont déjà illustrés de ce point de vue : Renault a conclu un accord d'entreprise visant à ce que les membres de l'ensemble des catégories socioprofessionnelles puissent offrir des jours de RTT à un fonds de solidarité afin que tous les salariés en chômage partiel perçoivent l'intégralité de leur salaire (et pas seulement les cadres) ; Danone a annoncé, le 26 mars, que les contrats de travail des quelque cent mille salariés du groupe seraient sécurisés, avec des salaires garantis au niveau mondial jusqu'au 30 juin[1].

Jusqu'au 30 juin, et après ? Verra-t-on surgir un nouveau modèle entrepreneurial ? Emmanuel Macron a promis des « choix de rupture » : les entreprises lui emboîteront-elles le pas ?

Vers de possibles relocalisations

D'un point de vue économique, la crise du Covid-19 a mis en évidence une autre fragilité de notre économie mondialisée : la désindustrialisation de pans entiers du tissu productif de la France ces dernières années. Et de fait, si le processus de désindustrialisation a affecté notre pays à partir des années 1970 (mines, sidérurgie, constructions navales, etc.), il s'est poursuivi à bas bruit, et dans une relative indifférence, depuis lors, détruisant ou fragilisant de très nombreuses filières. Ainsi, par exemple, quand l'épidémie de coronavirus a atteint la France, il ne s'y trouvait plus que quatre usines produisant des masques, 80 % de l'approvisionnement en ce domaine provenant de Chine. Il n'en est pas toujours allé de la sorte, et l'histoire récente de cette filière est assez emblématique.

Les différents producteurs tricolores étaient positionnés sur un marché assez dynamique et avaient bénéficié, en outre, d'importantes commandes privées et publiques en 2006, lors de la grippe aviaire, et en 2009, pour faire face au virus H1N1[2]. C'était notamment le cas de l'usine de

1. « Solidarité entre salariés chez Renault pour maintenir le salaire même en chômage partiel », UsineNouvelle.com, 1er avril 2020.

2. « La course pour faire renaître de ses cendres l'industrie française des masques », Challenges.fr, 4 avril 2020.

Plaintel, dans les Côtes-d'Armor, premier site français pour la fabrication des masques. À la suite d'un protocole d'accord signé avec le gouvernement en 2005, la production avait déjà fortement augmenté pour répondre à la demande. Des embauches s'en étaient ensuivies (l'usine employa jusqu'à trois cents salariés) et de nouvelles lignes de production furent ouvertes. Entre 2009 et 2010, le site livra près de cent soixante millions de masques de type FFP2 à l'État. Mais ce dernier se désengagea ensuite, ne jugeant plus utile de disposer de stocks stratégiques de masques. L'activité de l'usine de Plaintel s'effondra alors brutalement, et en 2010 le groupe dont elle dépendait fut racheté par l'américain Honeywell. Dès 2011, le nouvel actionnaire procéda aux premiers licenciements sur le site et commença à délocaliser une partie de la production vers la Tunisie. Souffrant d'un manque chronique d'investissements pour accroître sa productivité et soutenir l'innovation, l'usine bretonne vit sa situation économique se dégrader assez rapidement et les plans de licenciement se succéder. En 2018, l'usine de Plaintel, qui avait été créée dans les années 1960, ferma ses portes. Les quarante derniers salariés perdirent leur emploi et les machines à fabriquer les masques furent vendues à un ferrailleur[1]...

En raison de la perte de cet actif stratégique, la capacité de la France à produire sur son sol des masques de protection en grande quantité s'est vue gravement amputée. C'est ainsi que notre pays ne comptait plus que quatre sites de production quand la pandémie de Covid-19 a atteint nos frontières. L'approvisionnement en gel hydroalcoolique, lui,

1. « Comment la France a sacrifié sa principale usine de masques », FranceInter.fr, 3 avril 2020.

a pu être rapidement assuré, car la France dispose encore d'une industrie de la cosmétique puissante et ces fleurons nationaux que sont L'Oréal, LVMH ou L'Occitane ont répondu présent en réorientant certaines de leurs lignes de production. En revanche, tant en matière de tests épidémiologiques que de masques, le pays s'est retrouvé démuni, dépendant largement de l'étranger pour son approvisionnement.

Le fait d'avoir collectivement opté pour une fourniture à moindre coût de ces produits sur le marché mondial pose, évidemment, de vrais problèmes du point de vue de l'indépendance nationale (il en va de même pour les médicaments, dont la plupart des substances actives proviennent désormais de Chine ou d'Inde). Il sera donc nécessaire de reconstruire des filières entières si nous voulons nous assurer à nouveau de notre souveraineté nationale[1]. Mais cela pourrait également contribuer à dynamiser certains territoires.

À la lueur de cette crise, on constate que l'industrie, contrairement aux services, dans lesquels la France s'est spécialisée, irrigue par sa présence des espaces souvent situés à l'écart des grandes métropoles. Quasiment toutes les usines qui fournissent encore des produits indispensables pour lutter contre une épidémie sont en effet situées dans ce que

1. Alors que la question de la souveraineté nationale a été remise au goût du jour à l'occasion de cette épidémie, on notera par exemple que le ministère de la Défense a passé en 2016 un accord avec des industriels allemands pour équiper nos soldats en fusils d'assaut. Le bon vieux Famas, produit pendant plusieurs décennies à Saint-Étienne, arrivant en fin de vie et la Manufacture d'armes de Saint-Étienne ayant fermé ses portes en 2001, il ne s'est plus trouvé aucun fabricant tricolore en capacité de produire son remplaçant… On mesure à cet exemple, ô combien symbolique, combien la route sera longue pour reconquérir l'indépendance stratégique qu'Emmanuel Macron appelle de ses vœux.

Christophe Guilluy appelle « la France périphérique »[1]. Trois sites produisant des masques sont ainsi respectivement implantés à Charlieu, dans la Loire (LTC), à Dardilly, dans le Rhône (Boldoduc), et à Saint-Barthélémy-d'Anjou, dans le Maine-et-Loire (Kolmi-Hopen). Les écouvillons nécessaires aux prélèvements nasaux sont, quant à eux, fabriqués par l'usine Lemoine sise à Caligny, dans l'Orne, et les tests fournis par le groupe bioMérieux proviennent de son site de Verniolle, en Ariège…

Dans son allocution du 12 mars, qui fut suivie par près de vingt-cinq millions de Français, Emmanuel Macron a tenu des propos extrêmement forts et qui furent très remarqués : « Déléguer notre alimentation, notre protection, notre capacité à soigner, notre cadre de vie, au fond, à d'autres est une folie. Nous devons en reprendre le contrôle, construire plus encore que nous le faisons déjà une France, une Europe souveraine, une France et une Europe qui prennent leur destin en main. Les prochaines semaines et les prochains mois nécessiteront des décisions de rupture en ce sens. Je les assumerai. »

La question industrielle constituera assurément dans les mois qui viennent un bon indice du volontarisme du président de la République et de sa détermination à « assumer » des « décisions de rupture ».

1. *La France périphérique. Comment on a sacrifié les classes populaires*, Paris, Flammarion, 2014.

CONCLUSION

Quelle empreinte la crise du Covid-19 va-t-elle laisser sur notre société ?

Donner un sens à la crise : la puissance du prisme écologique

Tout au long du confinement, nous avons observé une autre évolution dans les témoignages recueillis auprès de nos participants. Au début, cette crise sanitaire sans précédent fut souvent perçue comme l'occasion de repenser de façon globale nos modes de production, de transaction et de consommation : elle agit pour beaucoup comme un révélateur des dérives affectant nos économies mondialisées. « C'est un retour de boomerang sur l'inconscience des personnes qui nous gouvernent, sur les grandes entreprises dont seul l'argent est la motivation, mais aussi notre propre inconscience/insouciance du toujours mieux, toujours plus. Comment en est-on arrivé à avoir une société qui ne privilégie pas l'éducation, la santé, la justice ? » avance Anne, la documentaliste qui vit et travaille en région parisienne. Alors, pour beaucoup, si cette crise peut avoir un effet bénéfique, c'est d'abord celui de nous conduire à nous interroger sur ce qui est vraiment important. « Profitons de ce moment pour remettre un peu les pendules à l'heure. Espérons que cette période inédite permettra à beaucoup de penser et de vivre moins égoïstement », espère Maryvonne, la Bretonne de 70 ans.

Plus précisément, qu'il s'agisse de comprendre les origines de la crise ou d'anticiper l'avenir des sociétés modernes, la pensée écologique a offert un modèle d'interprétation fortement sollicité par nos participants pour donner sens à ces événements. Cette crise a même souvent pu apparaître comme une validation empirique des discours environnementalistes concernant la mondialisation marchande, la libre circulation des personnes, la surpopulation, ou encore la déforestation. Mais, par-delà les analyses scientifiques qui mettent en relation la crise sanitaire et la question environnementale, c'est la question du « récit » qui occupe désormais les esprits : parce que le prisme écologique offre un cadre narratif à la description de la crise sanitaire, il se trouve bien plus puissamment intégré par l'opinion. Il n'est donc pas interdit de penser que cette crise renforcera le poids de la démarche écologique dans les années à venir.

La résonance forte entre crise sanitaire et crise écologique prend racine aux origines de l'épidémie : la genèse du trouble, sur un marché à Wuhan, à travers les figures animales de la chauve-souris et du pangolin, tour à tour suspectés d'avoir transmis le SARS-CoV-2 à l'homme, a pris une dimension matricielle dans la lecture des événements. Au-delà des discours techniques et scientifiques, ce qui a interpellé le public dans le déclenchement de cette crise et favorisé l'association avec les problématiques environnementales, c'est d'abord la force métaphorique du déroulé des faits. Le pangolin, un animal inoffensif en voie d'extinction, est devenu un « personnage » central d'une parabole pointant la responsabilité humaine dans les grands déséquilibres qui affectent la planète. Fortement suspecté d'avoir été à la base de la pandémie mondiale, ce petit mammifère a ainsi beaucoup contribué à façonner l'imaginaire de cette crise : l'humanité tout entière semble avoir été, non sans ironie, la cible de « l'animal le plus braconné au monde », comme l'attestent nombre de titres de journaux évoquant « la revanche du pangolin » ou « la vengeance du pangolin ». Ce tropisme d'animaux « martyrs » a trouvé un second souffle sur les réseaux sociaux, quelques jours après le début du confinement, à travers certaines images inédites d'animaux sauvages aperçus dans les villes, comme « libérés » de la présence humaine, avant de s'étendre plus largement aux prises de vue de ciels ou de fleuves dépollués...

Dans le même ordre d'idées, la fulgurance de la propagation de l'épidémie, accélérée par les flux importants de population à travers le monde, paraît, elle aussi, condamner un mode de vie déjà combattu par les écologistes. La crise a en effet montré combien un événement infiniment local, survenant sur le marché d'une ville chinoise jusqu'ici inconnue des Français, peut se trouver en très peu de temps relié au reste du monde, redonnant une actualité soudaine à une formule détournée d'une citation de Joseph Stiglitz qui a été souvent employée pendant le krach boursier chinois en 2015 : « Quand la Chine éternue, le monde s'enrhume »[1]. Cette matérialisation inquiétante du fort degré d'interconnexion des sociétés est venue conforter le regard déjà critique que les Français portaient sur la mondialisation et confirmer les « mises en garde » des tenants de l'écologie politique.

1. « Avec la mondialisation, nous sommes tous interdépendants. On disait autrefois : lorsque les États-Unis éternuent, le Mexique s'enrhume. Aujourd'hui, lorsque les États-Unis éternuent, une grande partie du monde attrape la grippe » (Joseph E. Stiglitz, *Quand le capitalisme perd la tête*, Paris, Fayard, 2003, p. 15).

En outre, à la manière d'une fable, le double niveau de lecture que permet ce récit de crise, à la fois scientifique et métaphorique, incite à donner une dimension morale à l'enchaînement des événements. Cette crise, c'est un peu la punition, il faut absolument changer de modèle : telle semble être la « morale » de cette épidémie. Cette mise en récit a d'ailleurs beaucoup circulé, à la suite de la publication sur Facebook, le 23 mars, par Pablo Servigne, l'un des représentants les plus populaires de la collapsologie en France, d'un texte qui se présentait sous la forme d'un court dialogue entre deux personnages, « Univers » et « Corona », à propos d'une « leçon » à adresser aux êtres humains pour que « la Terre mère soit respectée ». Ce texte, qui s'apparente à un véritable récit de « genèse », reprend l'ensemble des articulations symboliques qui unissent la crise sanitaire et la crise écologiquc, mettant par exemple en scène le pangolin (« animal en voie d'extinction »), la Chine (« symbole de la mondialisation »), les symptômes respiratoires du Covid-19 (pour faire le lien avec « la pollution ») ou le confinement (pour nous inviter à rouvrir nos fenêtres dans le seul but « de regarder la nature »).

Le besoin de donner sens aux catastrophes n'est pas nouveau, il fait même figure de constante dans l'histoire, notamment dans le cas des grandes épidémies – souvent interprétées comme autant de manifestations divines. La crise du nouveau coronavirus a donné lieu à un phénomène de ce type, mais fondé cette fois sur des observations scientifiques : notre modèle de société n'aurait pas été mis en cause pour avoir dérogé aux lois divines mais à celles de la nature. « On a l'impression que la planète se moque de nous », nous dit Nicolas, le Parisien de 23 ans. « Si cette crise est là, c'est de notre faute : nous avons trop maltraité la planète et elle finit par craquer dans tous les sens du terme ! », s'exclame Chédia, parisienne elle aussi. L'emploi du « nous » a ici son importance. Les hommes ont toujours cherché des boucs émissaires aux épidémies (le juif et la peste, l'homosexuel et le sida). La recherche instinctive d'un coupable dans le contexte actuel tend à désigner l'humanité tout entière et plus particulièrement le monde développé. En forçant un peu le trait, tout se passe comme si l'espèce humaine était elle-même devenue une « minorité » au sein du vivant.

Cette lecture « providentialiste » peut sans doute être mise en rapport avec l'annonce par les mouvements écologistes d'un accroissement à venir des grands désordres planétaires, annonce répétée et entendue qui prend aujourd'hui une dimension quasi prophétique. Cette approche a d'ailleurs été largement entretenue par de nombreuses figures de l'écologie politique, tel Nicolas Hulot, qui invitait à voir dans cette crise sanitaire « une sorte d'ultimatum de la nature »[1], des propos très proches de ceux de Dominique Bourg, qui l'associait également à « une forme d'avertissement »[2].

L'idée que la crise sanitaire pourrait bien signifier une sanction ou un avertissement offre un cadre interprétatif puissant à la survenue de cet épisode sanitaire, susceptible de renforcer durablement la portée des discours sur l'écologie dans les années qui viennent. À l'instar des communistes qui bénéficiaient d'une forte autorité morale à la fin de la Seconde Guerre mondiale en raison de leur engagement dans la Résistance, ce qui avait notamment favorisé la nationalisation de plusieurs grands groupes industriels à la Libération,

1. « Nicolas Hulot : on assiste "à un passage de cap de l'humanité" », BFMTV.com, 22 mars 2020.

2. « Nous aurions tout intérêt à voir dans ce qui arrive un ultime avertissement de la nature » (entretien), FranceCulture.fr, 30 mars 2020.

il semble aujourd'hui difficile de faire abstraction de l'exigence écologique dans la période de reconstruction qui s'annonce.

Quand l'État sait mobiliser sa toute-puissance et intervenir massivement

La demande d'initiatives venues de l'État afin de mieux prendre en compte ces enjeux environnementaux pourrait bien en effet s'accroître. Parallèlement à l'émergence du « récit écologique » de la crise, celui des « interdits budgétaires » et, plus largement, de l'incapacité des États à prendre des mesures fortes face aux crises semble avoir vécu. « Tant de choses qui paraissaient inimaginables, il y a quelques semaines, brusquement deviennent possibles : le déficit et la sacro-sainte règle budgétaire des 3 % volent d'un seul coup en éclat, observe Nicolas. Mettre tout le monde en télétravail ou solutionner d'un seul coup la pollution automobile, voilà qui est fait ! » Les Français ont, semble-t-il, été nombreux à s'étonner de la facilité avec laquelle le plan de soutien à l'économie a été déclenché. « On nous dit que les caisses sont vides et là ils trouvent des fonds en quelques jours ! [...] Je me dis que quand il le faut vraiment, l'État est capable de débloquer des fonds. Pourquoi on ne le ferait pas après la crise pour enclencher la transition écologique ? » ajoute Nicolas.

L'un des enseignements les plus marquants de cette crise sanitaire aura en tout cas été la démonstration de force d'un État qui, d'un simple « coup de sifflet », a mis fin au fonctionnement antérieur, et réputé « normal », de l'économie, dans laquelle il a injecté des sommes inédites, plus de onze fois supérieures aux montants mobilisés dans le cadre de sa réponse au mouvement des « gilets jaunes » en décembre 2018[1]. Même surprise à l'échelle européenne, avec la mise en œuvre rapide d'un plan de soutien à l'économie de 500 milliards d'euros, malgré le scepticisme ambiant à propos de la capacité des pays membres à s'accorder : « Ils ont fait sauter le verrou de Bercy et le verrou de Bruxelles, [...] ça montre que, quand ils le veulent vraiment, ils arrivent à trouver de l'argent "magique" », commente Régis, l'agent administratif qui habite dans le sud de la France.

Qu'il s'agisse des « contraintes » budgétaires ou de la possibilité de peser sur le fonctionnement d'une économie mondialisée, les prétendues « impuissances » d'hier sont désormais réinterprétées en termes de volonté politique, un point sur lequel les oppositions de tout bord ne manqueront pas d'insister. Les écologistes, en particulier, ont une belle carte à jouer à cet égard.

Combien de conversions dans le secret du confinement ?

Dans *Le Monde* daté du 25 mars, Bruno Latour s'interroge en ces termes : « On ne sait jamais, un temps de carême, fût-il laïque et républicain, peut entraîner des conversions spectaculaires. Pour la première fois depuis des années, des millions de gens, bloqués chez eux, retrouvent ce luxe oublié : du temps pour réfléchir et discerner ce qui les fait d'habitude s'agiter inutilement en tous sens. Respectons ce long jeûne imprévu[2]. » Pour autant, que restera-t-il de tout

1. Les mesures en question ont d'ailleurs suscité, sur les réseaux sociaux, de vives réactions de colère parmi les « gilets jaunes ».

2. « La crise sanitaire incite à se préparer à la mutation climatique », LeMonde.fr, 25 mars 2020.

cela dans les mois et les années à venir ? Quels seront les ruptures amorcées, les changements de comportement avérés et les virages adoptés ? À la suite de cette période d'introspection, combien y aura-t-il de convertis à la nécessité de la transition écologique ? Il est évidemment difficile de le dire. Plusieurs éléments montrent déjà, cependant, une certaine inflexion dans les modes de consommation.

Mathias Depardon rapporte également à *Libération* : « Quand j'interrogeais les gens sur leur ressenti dans cette crise, beaucoup parlaient de prises de conscience, sur la manière de consommer, la volonté de se recentrer sur des valeurs plus universelles ou de sortir d'une forme d'individualisme. Un boucher me disait qu'il était heureux de voir les gens montrer un souci de s'alimenter plus sainement. Des pêcheurs me racontaient qu'ils n'avaient jamais vu la mer comme ça, pour eux seuls, avec la nature qui revit, qui reprend ses droits. C'était très présent[1]. » Il faudra, bien évidemment, se donner le temps de voir ce qui relevait de l'éphémère, du circonstanciel, et ce qui s'est inscrit dans la durée.

Dans l'univers de la grande distribution, l'institut Nielsen a mesuré pour la première semaine du confinement une hausse des ventes (par rapport à la même semaine de l'année précédente) de 63 % des produits bio, contre « seulement » 40 % pour les produits conventionnels[2]. Cet engouement pour le bio a touché tous les types de produits alimentaires et a été particulièrement marqué dans les points de vente plébiscités par les Français durant cette période : les

1. Cité par « Nationale 7 : voyage aux confins de la France », art. cité.

2. Cité par « Alimentation : le confinement profite au bio », LaTribune.fr, 8 avril 2020.

supermarchés de taille intermédiaire et les magasins de proximité. L'institut Nielsen a par ailleurs observé que, sur le plan géographique, cette hausse des achats de produits bio avait été particulièrement notable en Normandie, mais aussi dans l'Eure-et-Loir, le Loiret, l'Yonne ou l'Oise, alors qu'elle était beaucoup plus timide dans le cœur de l'Île-de-France. Cette géographie laisse à penser que l'augmentation des ventes en question s'explique aussi par les mouvements de population qui ont accompagné l'annonce du confinement. Mais si ce facteur a joué, bien sûr, cette augmentation au niveau national renvoie à une autre logique. Le marché bio, déjà structurellement orienté à la hausse ces dernières années, a manifestement été soutenu par le contexte de crise épidémique. Toute une partie des consommateurs ont privilégié les « produits naturels » et le « local », présentant à leurs yeux de meilleures garanties sur le plan sanitaire. Révélateur particulièrement éloquent des aspirations de nos concitoyens et des tendances sociétales en formation, l'analyse des requêtes effectuées sur Google (mesurées par GoogleTrends) enregistrait une très forte augmentation des recherches liées aux mots-clés suivants : « vente directe producteur », « consommer local », ou bien encore « vente de farine aux particuliers » (la farine ayant fait l'objet, on l'a dit, d'un boom de la demande)[1]. S'appuyant sur une tendance préexistante, ce phénomène a toutes les chances de perdurer à l'issue du confinement. Nous serions alors en présence d'un effet de cliquet, les consommateurs ne revenant pas à leurs comportements d'achats pré-confinement.

1. « Ce que les requêtes Google racontent du confinement des Français », LaReclame.fr, 16 avril 2020.

En parallèle des produits bio, un autre segment de marché a tiré profit du confinement. Il s'agit des MDD, ou marques de distributeur, créées spécialement pour les enseignes de grande distribution et dont les produits « imitent » à moindre coût ceux des « marques nationales », c'est-à-dire celles des groupes agroalimentaires. La consommation des produits de MDD a tout d'abord connu une hausse, de même ampleur que celle des autres catégories de produits, au moment de l'instauration du confinement. Mais, dans les semaines qui ont suivi, elle a continué à progresser beaucoup plus significativement que celle des autres segments de marché, et ces marques ont donc creusé l'écart, selon l'institut Nielsen[1]. Alors que, tendanciellement, les produits bio sont plutôt achetés par les classes moyennes supérieures et favorisées, ceux des MDD sont privilégiés par la classe moyenne inférieure et les milieux populaires, dont les budgets sont souvent placés sous le signe de l'arbitrage permanent.

Ainsi, si ces tendances se confirment, le confinement aura eu pour effet de conforter la segmentation croissante du marché alimentaire autour des offres *premium* et d'entrée de gamme, au détriment des produits positionnés sur le milieu de gamme.

Pour autant, certains signes alertent aussi sur la fragilité des tendances repérées durant le confinement. Certes, les nombreux témoignages recueillis auprès de nos participants font la part belle au « fait maison », à la consommation de produits bio et au choix d'une consommation locale par le biais des petits producteurs. Mais, quand on rentre dans le détail, force est de constater que les « nouveaux convertis »

1. Cité par « Le confinement profite aux MDD », www. Reussir.fr, 15 avril 2020.

ne sont finalement pas si nombreux. Beaucoup de ceux qui évoquent ces pratiques avaient déjà modifié leurs comportements d'achats avant le confinement. Cette période a dès lors permis de consolider des pratiques nouvelles, la lecture « écologique » de la crise sanitaire jouant sur un double registre, celui de la culpabilité (« nous devons agir à notre niveau ») et celui de l'urgence (« c'est maintenant ou jamais »). Car, si certains, pour chasser l'ennui, ont par exemple découvert la joie de faire son pain, ils reconnaissent que le temps nécessaire à le faire lever risque de leur manquer lorsqu'ils auront repris leur activité professionnelle... D'autres avouent s'être tournés vers les petits producteurs locaux non par choix militant mais d'abord par nécessité, dans un souci pratique et aussi pour éviter les déplacements et l'angoisse éprouvée dans les hypermarchés. Pour autant, ces pratiques, dont les motivations premières sont plus individuelles que collectives, sont également susceptibles de laisser des traces chez ces « nouveaux convertis », qui pourraient se révéler sensibles à une relecture écologique de leurs comportements. L'avenir le dira. Quoi qu'il en soit, plus que le « fait maison », c'est sans doute le « local » qui marquera le plus de points. On le constate déjà dans toutes les études que nous menons : le « local » rassure plus que le « bio », dont la massification fait redouter la reproduction des méfaits de l'industrialisation alimentaire. Par ailleurs, le « local », au-delà de ses bienfaits sur l'environnement et sur la santé, engage une forme de « souveraineté » ou d'indépendance territoriale perçue comme très précieuse, en particulier dans le contexte actuel. Pour toutes ces raisons, il constitue une réponse fort pertinente à tous les maux mis en avant par la crise du Covid-19.

Sur un autre plan, celui des transports, dont l'arrêt brutal a permis de mesurer l'impact sur l'environnement, les tensions risquent d'être extrêmement fortes. Si tous les confinés ont apprécié de « mieux respirer » et d'entendre les oiseaux en pleine ville, quels modes de transport privilégieront-ils à l'avenir ? Certes, les mobilités douces (parce qu'individuelles) ont, du coup, de beaux jours devant elles… mais la voiture sans doute aussi. Et c'est bien cela qui préoccupe les agglomérations, redoutant d'avoir à affronter les méfaits de la voiture en matière de circulation et de pollution.

L'écologie au défi de l'urgence économique

Au début du confinement, beaucoup se sont mis à rêver d'un changement de modèle, d'un « nouveau monde », plus vert, plus proche de la nature, où le collectif aurait repris toute sa place. Quelques semaines plus tard cependant, la tonalité n'était plus tout à fait la même et les enthousiastes bien moins nombreux. Le doute a fini par s'immiscer et par l'emporter. « Un avant et un après, j'aimerais tellement y croire mais est-ce possible ? » Anaïs, l'étudiante de Grigny, redoute que certains oublient vite ce qui s'est passé : « Je pense qu'aussitôt le déconfinement déclaré beaucoup d'habitudes reprendront. Le collectif laissera place à l'individualisme », ajoute-t-elle. Car, si la crise est inédite, certains se souviennent de ce qu'il est advenu d'un autre choc, celui des attentats de 2015, qui paraît aujourd'hui étrangement lointain. « Je ne crois pas que la société française va changer tant que ça. Il suffit de regarder à chaque fois qu'on a eu de gros attentats : il y a eu une réaction immédiate des Français et, six mois après, plus rien, on a tout oublié », souligne Marc, le policier de 49 ans qui habite à Châteauneuf-les-Martigues.

« On racontera peut-être ça dans vingt ans avec des silences en fin de phrase pour impressionner les nouveaux adultes », imagine Arnaud. En attendant, la récession économique qui s'annonce menace de tout balayer sur son passage. L'inquiétude est forte parce que derrière cette crise économique une crise sociale de grande ampleur est à craindre. Et nombreux sont ceux qui redoutent que cette épidémie ne creuse davantage les inégalités. La peur que le monde d'après soit finalement pire que celui d'avant semble partagée par beaucoup, qui redoutent une montée de l'individualisme, de la misère, des tensions et de la violence : « La période *Mad Max* arrive », prévient Sabrina.

Face à la récession économique et à la crise sociale, le grand virage écologique risque d'être une fois de plus reporté. Dans les faits, certains signes parlent d'eux-mêmes, notamment l'absence de contreparties écologiques demandées aux grands groupes bénéficiant des 20 milliards d'euros d'aides prévues par l'État, mais aussi la prétention de certains secteurs de se libérer, au moins temporairement, des normes environnementales – le temps de la reprise.

On peut néanmoins imaginer que les questions relatives à la santé, comme la qualité de l'alimentation et la pollution de l'air, susciteront à court terme des attentes fortes vis-à-vis des pouvoirs publics. En revanche, un renversement durable des préoccupations des Français au profit d'une approche soucieuse de l'environnement semble difficilement envisageable au regard des prévisions économiques. Le mouvement des « gilets jaunes » avait déjà mis en lumière le problème de l'acceptabilité de mesures écologiques contraignantes chez ceux dont le souci premier est le niveau de vie. Il est difficile d'imaginer que le seuil de tolérance s'accroisse dans ce domaine au vu de l'inévitable dégradation des conditions de vie qui se profile. En outre, il est possible aussi que la crise économique renforce à nouveau la fracture entre ceux qui aspirent à un « changement de modèle » à la suite du « signal » qu'aura envoyé la crise sanitaire et la frange de l'opinion qui souhaite avant tout retrouver son niveau de vie d'avant la crise. Cette fracture est apparue au grand jour lors de la brève polémique suscitée par l'afflux de voitures vers les trente restaurants McDonald's qui avaient rouvert leurs services de vente à emporter le 20 avril, occasionnant de nombreux embouteillages. La vision de ces gens disposés à attendre parfois plusieurs heures dans leur véhicule pour être servis a frappé de plein fouet les espoirs de ceux qui voient dans cette crise l'occasion de transformer durablement nos modes de vie.

POSTFACE

La nouvelle cartographie
Dix repères pour le monde d'après

par Gilles Finchelstein
Directeur général de la Fondation Jean-Jaurès

Au printemps 2020, plus de la moitié de la population mondiale a été confinée. Il s'agit, dans l'histoire longue de l'humanité, d'une situation inédite – par son ampleur comme par sa durée. Encore faut-il préciser d'emblée que cette expérience commune aura juxtaposé des singularités. Les conditions de confinement ont eu peu à voir dans les maisons des Hamptons[1] et dans les bidonvilles kényans de Kibera, au sud de Nairobi[2]. Les règles de confinement ont été bien différentes à Wuhan et à Berlin. Et, même en France, l'expérience a été spécifique selon la manière dont se sont combinés plusieurs critères : le logement (appartement ou maison), le travail (au chômage partiel, en télétravail ou sur son lieu habituel), le foyer (seul ou à plusieurs, avec ou sans enfant), l'exposition à la maladie. La lecture des « carnets de

1. Région située au nord-est de l'île de Long Island, dans l'État de New York, qui compte plusieurs villes et villages figurant dans la liste des zones de villégiature les plus prisées par l'élite américaine, et spécialement par celle de New York.
2. Voir à ce propos Julien Damon, « Les bidonvilles contre le coronavirus, le confinement contre les bidonvilles », Jean-Jaures.org, 29 avril 2020.

confinement » mis en place par l'Ifop, en partenariat avec la Fondation Jean-Jaurès et *Le Point*, permet cependant de dégager une succession de dominantes au fil des semaines.

Il y a eu l'*effervescence* des débuts avec la découverte d'un nouveau paysage sonore, d'un nouveau rapport au temps, d'une nouvelle relation aux autres. Il y a eu l'*irruption de la peur* – peur pour les autres mais aussi pour soi-même, celle qui trouble le sommeil et affecte les comportements les plus quotidiens. Il y a eu la *lassitude* surgie d'une situation qui semblait tourner à la répétition *ad libitum*. Il y a eu la *mutation de la peur*, lorsque le déconfinement et la crise économique annoncée ont commencé à se dessiner. Il y a eu l'*épuisement* psychologique sous l'effet de ce que nous vivions et en raison de tout ce que nous ne vivrions pas et qu'il fallait annuler, reporter ou modifier. Il y a eu la *débrouille* pour se procurer des masques – et même s'en confectionner. Il y a eu enfin *l'incertitude*, avec ce sentiment que plus on s'approchait du déconfinement et moins on comprenait comment il allait se passer.

Au-delà de la diversité des situations vécues, ces cinquante-cinq jours de confinement ont donc aussi produit du commun ; ils ont modifié certains équilibres ; ils ont dessiné une nouvelle cartographie. Voici dix repères pour appréhender le monde d'après.

1. Une nouvelle cartographie des émotions

« La France a peur » : jamais la fameuse formule de Roger Gicquel n'a paru aussi bien adaptée à la situation[1].

1. Phrase d'ouverture du journal télévisé de TF1 du 18 février 1976, prononcée par le présentateur Roger Gicquel au lendemain de l'arrestation du meurtrier de Philippe Bertrand dans l'affaire Patrick Henry.

L'*irruption de la peur* a constitué un phénomène social massif. 62 % des Français ont reconnu avoir eu peur de mourir et 64 % avoir souffert de troubles du sommeil[1]. Cette peur a entouré les actes les plus quotidiens – ainsi, le projet de faire ses courses a généré jour après jour, semaine après semaine, l'angoisse qui accompagne en temps normal la prise de risque. Et elle entoure à l'heure du déconfinement d'autres actes parmi les plus quotidiens – ainsi, près de 80 % des Français se disaient inquiets à l'idée de prendre les transports publics. Cette peur a frappé le monde entier, mais il est possible qu'il ait été plus aigu dans l'Hexagone. Lorsque l'on analyse les quatre qualificatifs qui correspondent le mieux à l'état d'esprit des Français et des Allemands en avril 2020, on constate qu'il y en a trois de positifs outre-Rhin et... aucun en France[2]. Dans notre pays, la peur a progressé de 17 points depuis février et, avec 27 %, est désormais un sentiment à peu près aussi partagé que la « morosité » (28 %) et la « lassitude » (28 %), seulement devancée par la « méfiance », qui reste en tête (32 %). En Allemagne, la peur n'a progressé que de 9 points et, avec 18 %, arrive loin derrière la « sérénité » (39 %, avec quand même une baisse de 8 points), le « bien-être » (27 %) et la « confiance » (18 %).

Demain, il ne s'agira pas seulement d'accompagner la résilience des économies, il faudra aussi se préoccuper des individus.

1. 54 % pour une raison liée au confinement. Voir « Enquête COCONEL : les Français et l'épidémie de Covid-19 (vague 2) », Ifop.com, 2 avril 2020.

2. « En qu(o)i les Français ont-ils confiance aujourd'hui ? », étude citée.

2. Une nouvelle cartographie des relations humaines et sociales

L'épidémie de Covid-19 a ré-agencé notre relation aux autres.

On pourrait penser que les cercles de confiance préexistants se sont resserrés et que les cercles de défiance se sont élargis ; que les forces centripètes ont aimanté la proximité et les forces centrifuges accentué la distance. Le schéma est en réalité bien plus complexe.

Dans le cercle le plus proche, la solidité des couples a été éprouvée (50 % des Français en couple se sont disputés pendant le confinement au sujet des tâches ménagères et de leur répartition[1] et 12 % n'envisagent pas de se reconfiner avec son ou sa partenaire mais, à l'inverse, 30 % disent que leur relation a été confortée[2]) et les liens familiaux ont été renforcés – grâce, notamment, aux outils numériques.

Dans le cercle le plus éloigné, celui des « inconnus », la méfiance a été redistribuée : elle ne s'est pas accrue envers les immigrants en général (il se trouve toujours une majorité de 53 % de Français pour considérer que l'immigration est « une source d'enrichissement culturel »[3]) ; elle s'est en revanche diffusée en direction des passants *concrets*, les Français redoutant même de basculer dans une « société parano » au sein de laquelle, pour reprendre la formule de Jean-Paul Sartre, « l'enfer, c'est les autres ».

1. Étude Ifop pour Consolab réalisée en ligne du 21 au 23 mars 2020, auprès d'un échantillon national représentatif de 3 011 personnes.
2. Étude Ifop réalisée en ligne du 24 au 27 avril 2020, auprès d'un échantillon national représentatif de 3 045 personnes.
3. « En qu(o)i les Français ont-ils confiance aujourd'hui ? », étude citée.

En d'autres termes, ce qui a été le plus affecté, c'est l'ultra-proximité, celle du conjoint omniprésent et celle de l'inconnu au coin de la rue.

3. Une nouvelle cartographie du travail

Dans ce domaine, la crise a induit une tripartition inégalitaire des actifs. Tripartition parce que 34 % des salariés ont continué à travailler sur leur lieu de travail quand 30 % d'entre eux ont été placés en télétravail et que 36 % ont traversé cette période au chômage, en congés, en congés maladie ou au chômage partiel[1]. Inégalitaire parce que, pour ne prendre qu'un seul exemple, à peine un ouvrier sur deux a pu percevoir l'intégralité de sa rémunération pendant le confinement, contre 75 % des cadres et des professions intellectuelles[2].

Cette nouvelle cartographie a modifié trois équilibres.

Elle a d'abord induit *une nouvelle représentation du travail* en donnant une visibilité à des métiers « essentiels », en faisant de l'exposition au risque une nouvelle frontière, en interrogeant la rémunération des salariés concernés, en mettant en lumière la féminisation de ces secteurs, en opérant une sorte de renversement des hiérarchies sociales.

Elle a ensuite obligé à *une profonde réorganisation du travail* – on est passé d'une situation où 3 % des salariés français pratiquaient un peu le télétravail à 30 % qui l'ont pratiqué

1. Ces pourcentages ont évidemment évolué au fur et à mesure de la montée en puissance du chômage partiel, qui a fini par frapper plus de douze millions de salariés à la fin du mois d'avril.

2. « Les Français et leurs dépenses pendant et après le confinement », OpinionWay.fr, 29 avril 2020.

tout le temps. Les chaînes hiérarchiques se sont trouvées raccourcies, conduisant une partie du management à bien des remises en cause. Par ailleurs, le télétravail a montré son efficacité et son intérêt – mais aussi la nécessité de bien le préparer et l'encadrer.

Elle a enfin opéré *une dissociation entre revenus et travail* – posant ainsi sous un jour nouveau le débat sur le revenu de base.

4. Une nouvelle cartographie des inégalités

Sur ce terrain encore, les repères se sont modifiés à propos des conditions de travail. Aux inégalités face au risque économique – inégalités de revenus, inégalités de statuts – sont venues s'ajouter les *inégalités face au risque sanitaire* : les « premières-lignes » et « deuxièmes-lignes » ont mobilisé des professions extrêmement hétéroclites tant en termes de pratiques que de rémunérations, toutes ayant comme point commun d'être très majoritairement féminisées (plus de trois quarts de femmes dans les métiers de « l'infrastructure commerciale » – notamment les caissières – et dans les professions issues des secteurs sanitaire et domestique – infirmières, aides-soignantes) ; de leur côté, les « troisièmes-lignes » en télétravail auront été composées d'une grosse majorité de cadres (66 %) et d'une infime minorité d'employés (19 %) et d'ouvriers (5 %). Par ailleurs, l'*âge* est devenu un critère plus déterminant que jamais face au risque : celui de mourir en cas d'infection au Covid-19 évoluant, selon l'institut Pasteur, de 0,001 % entre 0 et 19 ans à 8,3 % au-delà de 80 ans.

Nos repères se sont modifiés aussi quant aux conditions de vie – apportant des éclairages souvent méconnus sur notre propre pays. Ainsi, quand on analyse le pourcentage de la population qui a vécu le confinement enfermé dans moins de soixante mètres carrés, on constate que cette expérience a concerné plus de 40 % des Britanniques, près de 30 % des Allemands et... 20 % seulement des Français (ce bas niveau s'explique notamment par le fait que 63 % d'entre nous ont été confinés dans une maison)[1]. Ainsi encore, quand on s'attache au pourcentage de la population de chacun des trois pays qui s'est retrouvée confinée en solitaire, on note une différence majeure entre l'Allemagne d'un côté (36 %), la France et le Royaume-Uni de l'autre (20 %)[2].

Au final, les difficultés du confinement se sont concentrées sur les zones les plus denses et les plus pauvres – une des causes de la surmortalité qu'a connue la Seine-Saint-Denis tenant au fait que le tiers des familles vivent dans des appartements surpeuplés, favorisant ainsi la transmission du virus.

5. Une nouvelle cartographie de la confiance politique

Les principales mesures adoptées par les pouvoirs publics ont été approuvées – et même massivement approuvées –, qu'il s'agisse du confinement le 17 mars, du soutien à l'économie (chômage partiel ou avances de trésorerie consenties aux entreprises) ou de l'obligation du port du masque dans

1. « En qu(o)i les Français ont-ils confiance aujourd'hui ? », étude citée.
2. Cette situation, en Allemagne, a joué en faveur de la maîtrise de la circulation du virus, avantage trop rarement souligné.

les transports en commun. Il s'est trouvé en moyenne entre 80 % et 90 % des Français pour approuver ces mesures – dont la liste n'est pas exhaustive.

Mais la confiance globale envers le gouvernement a beaucoup chuté depuis le début de la crise : ainsi, pour ne prendre qu'un exemple, selon le baromètre quotidien réalisé par l'institut BVA, à peine plus de 30 % des Français faisaient confiance au gouvernement dans la gestion de la crise au moment du déconfinement, alors qu'ils étaient 55 % le 19 mars. La faiblesse de cette adhésion est plus éclatante encore lorsque l'on compare la situation en France avec celle de ses voisins. Dans l'enquête réalisée par OpinionWay en partenariat avec la Fondation Jean-Jaurès, l'idée que le gouvernement a « dans l'ensemble bien géré la crise » n'est partagée que par 39 % des Français quand elle l'est par 74 % des Allemands et 69 % des Britanniques.

On comprend les raisons de cet écart entre pays lorsqu'on analyse les mots les plus fréquemment associés à l'action des différents gouvernements : on note une petite différence d'appréciation sur l'« impréparation » (terme cité par 38 % des Français, contre 33 % des Britanniques, et 26 % des Allemands) ; mais de grosses différences quand il est question d'« incompétence » (terme cité par 31 % des Français, contre 16 % des Britanniques et 12 % des Allemands) et d'« opacité » (respectivement 21 %, 10 % et 6 %). Et on le sait, la gestion des masques a constitué le point de cristallisation symbolique de ces différentes critiques, en donnant par ailleurs l'occasion aux Français de découvrir que leur pays n'était plus la grande puissance qu'ils imaginaient.

6. Une nouvelle cartographie de la nation

La crise du Covid-19, en contraignant à fermer les frontières nationales, a servi de révélateur à l'image que chaque nation se fait d'elle-même – et il faut bien convenir que celle que les Français ont donnée d'eux-mêmes est bien éloignée du fameux « péché d'arrogance » auquel ils sont supposés succomber plus souvent qu'à leur tour.

Le sentiment d'appartenance nationale n'a guère été ravivé – à la différence, par exemple, de ce que l'on a pu observer en Italie, où l'hymne national, *Il canto degli Italiani*, était entonné sur les balcons soir après soir. Ainsi, en avril, il s'est trouvé à peu près autant de Français à se sentir « seulement français » (26 %, – 1 point par rapport à février) que « plus européen que français » (38 %, + 2).

En revanche, *un réel sentiment d'infériorité nationale s'est manifesté* – et je ne vise pas là l'appréciation portée sur les capacités relatives des différents systèmes de santé nationaux à faire face à l'urgence, mais bien la perception qu'ont eue les Français de la qualité de leurs réactions comparées à celles des autres peuples. Les Français ont bien moins qu'ailleurs le sentiment d'avoir fait preuve collectivement de civisme – 50 % ici, contre 78 % en Allemagne et 83 % au Royaume-Uni –, alors même que les données de géolocalisation de Google ont démontré que nous avons été parmi les plus disciplinés des Européens. Dans les mêmes proportions, les Français ont aussi moins qu'ailleurs le sentiment que la crise a renforcé la solidarité entre eux... alors qu'on a vu fleurir mille et une initiatives qui témoignaient du contraire.

7. Une nouvelle cartographie de l'État

« Dans la crise actuelle, l'État n'est pas la solution à notre problème ; l'État est le problème. » Cette formule de Ronald Reagan, prononcée lors de son discours d'investiture du 20 janvier 1981, a constitué l'axe du discours idéologique dominant dans les pays occidentaux depuis le début des années 1980 – une idéologie tout de même déjà bien chahutée depuis la crise financière de 2008, dont les causes, autant que les conséquences, ont mis au jour les dangers que recèlent un marché sans régulation et une puissance publique trop souvent réduite… à l'impuissance.

La crise du Covid-19 nous fait entrer dans un nouveau cycle, qui n'annonce pas seulement un retour de l'État mais plutôt *une réinvention de l'État*.

Réinvention parce que si l'État s'est certes vu conforté en tant que garant en dernier ressort tout au long de la crise – lui seul pouvait décider du confinement ou de la nationalisation des salaires – il s'est trouvé vivement interrogé dans son organisation et dans son fonctionnement en tant que gestionnaire de la crise.

Réinvention ensuite parce que si l'État-providence, et évidemment le secteur hospitalier au premier chef, est aujourd'hui plébiscité comme l'élément constitutif de notre modèle social (c'est lui qui suscite le plus haut niveau de confiance – à presque 90 % – chez les Français[1]) ses insuffisances comme l'inadéquation de la rémunération des personnels sont apparues criantes[2].

1. « En qu(o)i les Français ont-ils confiance aujourd'hui ? », étude citée.
2. Même si l'on a vu également, avec l'exemple allemand, qu'il n'y avait pas de corrélation entre le niveau de dépenses et l'efficacité du système.

Réinvention enfin parce que l'État, comme l'État-providence, a révélé un niveau bien inquiétant de dépendance extérieure, et que la question de la reconquête de la souveraineté va dominer l'agenda politique et les controverses politiques – bien au-delà de la question des masques, des tests et des médicaments. Ainsi, sept Français sur dix souhaitent voir nationalisées certaines activités stratégiques pour la vie du pays (transports, énergie, eau, etc.), et plus de 50 % d'entre eux soutiennent qu'il est nécessaire d'instaurer aux frontières de la France un protectionnisme économique beaucoup plus strict vis-à-vis du reste du monde[1].

8. Une nouvelle cartographie de l'Union européenne

L'Europe ne pouvait pas être plus mal placée que face à une crise sanitaire.

De façon générale, l'Union européenne a un problème pour faire face aux crises car elle a été conçue afin de privilégier, selon la formule de Luuk van Middelaar, « la règle » sur « la politique »[2] – on a vu, au cours des années 2010, combien il lui était difficile de réagir et d'improviser dans l'urgence. Elle n'a pas, de surcroît, de compétences en matière de santé publique – ce sont les États, et parfois même les régions, qui, au titre de ce que l'on appelle la subsidiarité, gèrent les questions sanitaires.

Du coup, son bilan est pour le moins mitigé. D'un côté, les États membres ont semblé incapables de faire preuve

1. « Coronavirus : quel monde d'après ? », Institut-ViaVoice.com, avril 2020.
2. *Quand l'Europe improvise. Dix ans de crises politiques*, Paris, Gallimard, 2018.

de solidarité, tant au début de la crise que lorsqu'il s'est agi de coordonner les travaux de recherche sur les traitements, de créer une application commune de *tracking* ou de gérer collectivement la question des frontières, à tel point que Jacques Delors a pu parler d'un danger mortel pour l'Europe. D'un autre côté, il faut lui reconnaître qu'elle a su réagir vite et fort dans le domaine économique – notamment à travers les institutions communautaires que sont la Commission et surtout la Banque centrale européenne.

On constate souvent, en temps de crise, ce que les politologues nomment le « ralliement autour du drapeau », autrement dit un regain de confiance envers les institutions. Mais, dans l'épreuve que nous avons traversée, l'Union européenne n'en aura absolument pas profité en France : pis encore, seuls 20 % des Français considèrent qu'elle a été à la hauteur – contre 31 % pour l'État et 66 % pour les communes[1].

L'Union européenne a raté son rendez-vous avec le Covid-19... à moins que l'accord franco-allemand – annoncé le 18 mai 2020 par Emmanuel Macron et Angela Merkel – sur un plan de soutien financé par un emprunt européen, constitue le moment d'un véritable nouveau départ.

9. Une nouvelle cartographie du numérique

Peut-être avons-nous vraiment basculé dans la société numérique – ou dans ce que Daniel Cohen appelle le

1. « Coronavirus : les pouvoirs locaux à la hauteur, l'État et l'UE jugés sévèrement », Elabe.fr, 6 mai 2020.

« capitalisme numérique »[1] – à l'occasion de cette crise. Les contraintes liées au confinement y invitaient, la qualité des réseaux l'a permis : en France comme en Allemagne et au Royaume-Uni, plus de 93 % des utilisateurs ont considéré qu'ils disposaient de réseaux de qualité[2]. Ce faisant, *de nouvelles pratiques ont émergé*. Lien social resserré avec la famille et les amis par la grâce des messageries et des vidéos. Pratiques culturelles développées – avec, de certains chanteurs anonymes jusqu'aux danseurs de l'Opéra de Paris, une démonstration de créativité. Activité professionnelle maintenue. Efficacité sanitaire démultipliée – par exemple pour gérer un nombre de lits de réanimation en tension. Excellente circulation de la connaissance – en particulier de l'information scientifique. Enseignement scolaire assuré – même si la crise a également mis en lumière l'impréparation de l'Éducation nationale et le manque de formation de ses enseignants.

Il n'y aura pas de retour au *statu quo ante* mais un avant- et un après-confinement dans le rapport que nous entretenons au numérique.

Il convient d'ailleurs de s'interroger en raisonnant par l'absurde : imaginons ce qu'aurait été cette crise sans internet ou ce que serait une crise dont le cœur serait internet… Mais il faut aussi tirer toutes les leçons de cette expérience en traitant avec volontarisme les inégalités multiples et les failles de souveraineté qu'elle a révélées.

1. « La crise du coronavirus signale l'accélération d'un nouveau capitalisme, le capitalisme numérique » (entretien), LeMonde.fr, 2 avril 2020.
2. « Les zooms de l'Observatoire Cetelem », Harris-Interactive.fr, mars 2020.

10. Une nouvelle cartographie du futur

Depuis de nombreuses années, les Français se singularisent par leur pessimisme : à leurs yeux, l'avenir est synonyme de perte et de menace. Paradoxalement, la crise du Covid-19 a fait renaître un espoir très perceptible dans les « carnets de confinement » – faisant écho à ce que déclarait Yuval Noah Harrari : « Nous sommes dans un vortex historique, les lois normales de l'histoire sont suspendues, nous devons donc à la fois être extrêmement prudents et nous autoriser à rêver[1]. » De fait, les Français ont rêvé. Et si l'ampleur de la crise, cette fois-ci, rendait tout simplement impossible de recommencer comme avant ? Et si demain n'avait plus grand-chose à voir avec hier ? Puis, à mesure que les incertitudes scientifiques se multipliaient et que les difficultés économiques se profilaient, l'espoir a laissé place à nouveau à la crainte : et si demain était pire encore qu'hier ?

Dans le rapport que nous entretenons au futur, *si le pronostic reste sombre, l'attente est à la rupture*. Un nouveau rapport à la consommation est peut-être en train de s'installer à la faveur de la crise : alors que 58 % des Français ont indiqué pendant le confinement qu'ils dépensaient moins qu'auparavant, un sur deux affiche son intention de continuer dans cette voie une fois le confinement levé[2]. On lit, dans cette aspiration à la rupture, une singularité bien française. L'intensité du désir de voir évoluer notre mode de production en fournit

1. « Nous sommes dans un vortex historique » (entretien), *Le Point*, 1er avril 2020.

2. « Les Français et leurs dépenses pendant et après le confinement », étude citée.

une illustration éclairante : le pourcentage de ceux qui se disent en faveur d'une réforme *en profondeur* du système capitaliste s'élève à 45 % en France (+ 6), contre 21 % en Allemagne (=) et 19 % au Royaume-Uni (– 2)[1].

Nos repères ont bougé. Reste à savoir, et c'est la question décisive, comment ils s'agenceront les uns les autres et, ce faisant, quelle orientation collective nous prendrons. La crise du Covid-19 étant née en Chine[2], pourquoi ne pas saisir l'occasion de puiser dans la culture de ce pays les éléments d'une réflexion sur les différents scénarios de sortie ? Car il faut avoir en tête que deux idéogrammes sont associés, en mandarin, pour écrire le mot « crise » : celui qui signifie « risque » et celui qui dit « opportunité ».

Certains verront d'abord dans la crise un risque. C'est le scénario du repli, alimenté par le puissant moteur qu'est la peur, prenant appui sur les institutions solides – la famille et l'État – et faisant de la reconquête de la souveraineté nationale l'objectif central des politiques publiques.

D'autres verront plutôt dans la crise une opportunité. C'est le scénario du changement, rendu crédible par la capacité

1. « En qu(o)i les Français ont-ils confiance aujourd'hui ? », étude citée. Il était proposé comme items : une réforme en profondeur, une réforme sur quelques points, le maintien en l'état du système. Il se trouve désormais autant de Français pour plaider une réforme en profondeur qu'une réforme sur quelques points.

2. Parmi les repères qui n'ont guère bougé, il y a la persistance du complotisme : ainsi, 17 % des Français considèrent que le virus n'est pas d'origine naturelle ou ne s'est pas échappé accidentellement d'un laboratoire mais a été « créé intentionnellement », le pourcentage s'élevant même à 40 % chez les sympathisants du Rassemblement national. Voir à ce propos Rudy Reichstadt et Jérôme Fourquet, « L'épidémie dans l'épidémie : thèses complotistes et Covid-19 », Jean-Jaures.org, 28 mars 2020.

d'adaptation dont nous avons fait preuve, soutenu par une forte envie de rupture, un désir d'engagement collectif et de justice… et par la nécessité d'anticiper la crise qui vient et qui a pour nom : le changement climatique.

À nous, maintenant, d'écrire l'histoire.

ANNEXE 1

Liste des participants à la communauté Ifop/*Le Point*/Fondation Jean-Jaurès

Prénom	**Âge**	**Profession**	**Ville d'habitation**	**Département d'habitation**
Adrien	20 ans	Étudiant (management)	Mauguio	Hérault
Alex	24 ans	Commercial (literie)	Florange	Moselle
Anaïs	22 ans	Étudiante (science politique)	Grigny	Essonne
Anne	49 ans	Documentaliste	Le Perreux-sur-Marne	Val-de-Marne
Arnaud	38 ans	Comédien	Saint-Denis	Seine-Saint-Denis
Aurélie	33 ans	Auxiliaire de vie scolaire	Aubervilliers	Seine-Saint-Denis
Chédia	63 ans	Enseignante (cours particuliers)	Paris	Paris
Claudie	61 ans	Retraitée (secrétaire commerciale dans la santé)	Saturargues	Hérault
Coralie	35 ans	Psychologue libérale	Saint-Clément-de-Rivière	Hérault
Cynthia	34 ans	Assistante commerciale	Nantes	Loire-Atlantique
Elsa	26 ans	Infirmière libérale	Balan	Ain

Emma	20 ans	Étudiante (événementiel)	Paris	Paris
Emmanuel	51 ans	Contrôleur de gestion	Belbeuf	Seine-Maritime
Éric	41 ans	Gérant (concession automobile)	Aix-les-Bains	Savoie
Gaëlle	30 ans	Secrétaire médicale	Chamonix	Haute-Savoie
Isabelle	56 ans	Assistante de formation (logements étudiants)	Carquefou	Loire-Atlantique
Jean-Louis	58 ans	Acheteur (BTP)	Paris	Paris
Juliette	39 ans	Responsable des relations sociales	Neuilly	Hauts-de-Seine
Justine	30 ans	Téléconseillère (services)	Pessac	Gironde
Khaled	42 ans	Directeur d'agence (grande distribution)	Roubaix	Nord-Pas-de-Calais
Laurence	51 ans	Auxiliaire de vie scolaire	Strasbourg	Bas-Rhin
Marc	49 ans	Chef de service (police)	Châteauneuf-les-Martigues	Bouches-du-Rhône
Marie-Christine	69 ans	Retraitée (secrétaire dans l'assurance)	Arveyres	Gironde
Maryvonne	70 ans	Retraitée (secrétaire administrative)	Théhillac	Morbihan
Nadine	69 ans	Retraitée (secrétaire dans un cabinet d'avocat)	Paris	Paris
Nathalie	65 ans	Retraitée (Éducation nationale)	Saint-Jean-de-Luz	Landes
Nicolas	23 ans	Chef d'entreprise (culture)	Paris	Paris

Philippe	61 ans	Chef d'entreprise (nettoyage)	Dijon	Côte-d'Or
Régis	59 ans	Agent administratif (commerce de gros)	Berre-l'Étang	Bouches-du-Rhône
Sabrina	36 ans	Archéologue	Troyes	Aube
Sébastien	36 ans	Employé de commerce (agroalimentaire)	Jouy-sous-Thelle	Oise
Stéphane	30 ans	Chef de service (communauté d'agglomération du Bassin de Bourg-en-Bresse)	Villeurbanne	Rhône
Valérie	54 ans	Assistante maternelle	Réchicourt-le-Château	Moselle

ANNEXE 2

Liste des personnes interviewées de façon individuelle sur des thématiques spécifiques

Prénom	**Âge**	**Profession**	**Ville d'habitation**	**Département d'habitation**
Ahmed	20 ans	Étudiant (sociologie et science politique)	Bondy	Seine-Saint-Denis
Alexandre	29 ans	Médecin anesthésiste -réanimateur	Besançon	Doubs
Alexis	34 ans	Employé (boucherie -charcuterie)	Lyon	Rhône
Ali	25 ans	Étudiant (science politique)	Drancy	Seine-Saint-Denis
Annie	58 ans	Infirmière	Mayenne	Mayenne
Léonard	32 ans	Médecin anesthésiste -réanimateur	Paris	Paris
Maryline	25 ans	Employée (boulangerie -pâtisserie)	Asnières-sur-Seine	Hauts-de-Seine
Pierre-Étienne	30 ans	Interne en chirurgie (affecté dans une unité de soins intensifs Covid-19)	Paris	Paris
Sophie	56 ans	Professeure (école d'infirmerie)	Lyon	Rhône
Zoé	33 ans	Consultante (agence de communication)	Paris	Paris

Table

RÉALISATION : NORD COMPO À VILLENEUVE D'ASCQ
IMPRESSION : NORMANDIE ROTO IMPRESSION S.A.S. À LONRAI (61)
DÉPÔT LÉGAL : JUIN 2020. N° 146737 (2001592)
Imprimé en France